▼少年阿吉

▲ 與沈志方（下中）
◀ 與周彥文（下）

▼ 與李京奎（左二）、沈志方（右二）、
　周彥文（右一）

▲ 與林慶彰（左四）

▼ 與黃文吉

▲ 與羅崗（左一）、高柏園（右二）、周志文（右一）

▼ 與曾守正（右二）

▲ 與龔鵬程（左四）、
　 楊曉安（右四）
▶ 與江淑君及曾守正

▲ 與周志文（左下）、戴華萱（右三）、普義南（右一）

▼ 與呂正惠（右一）、江淑君（左一）

▲ 與胡衍南

▼ 與李懿純（右一）

▲ 與陳紹聖（左）、陳昇輝（右）

▼ 與陳昇輝（右）、陳玉鉉小妹妹

◀ 與謝旻琪
▼ 與黃文倩

▲ 與吳鵬

▼ 與沈日中

▲ 與梁濤　　　　　　　　　　　　　▼ 與陳卓然（右一）

◀ 與陳凌弘

◀ 與賀南

▲ 與黃曉康（左）

▼ 與劉璐（左三）

全國性及區級人民團體立案證書

台內社字第 0940004420 號

中華民國環中國海研究學會業已依法組織完成准
予立案　此證
　　　計開

團 體 名 稱：中華民國環中國海研究學會

成 立 日 期：93 年 12 月 28 日

會址所在地：台北縣淡水鎮英專路 151 號
　　　　　　淡江大學中文系辦公室

內政部
部　　長　蘇嘉全

中 華 民 國 94 年 1 月　　　日

月掛汐越松

連清吉教授榮退紀念文集

周彥文　主編

台灣 學生書局 印行

目次

序：迎接連清吉退休

龔鵬程

今年（2020年）春初，我正在北京避疫。有位湖南的喻科輝先生找到我，說他收藏了一幅張之淦老師1956丙申年臘月寫贈羅理濤先生的橫幅。

我很驚喜，請他製了照片來，我協助點定。

原來是六首絕句，詩曰：「似說金門棲隱宜，漸從人海斷聞知。蹣跚莫怪無他詣，浪走千街故舊稀。」「閔默鋒稜互點癡，鬥君茶釀酒甜時。投壺電笑燈如雪，所欠長安旅夜詩。」「泉戶關河舊話長，南圖忍便說投荒。穀城蕎麥巴山雨，已費思量是異鄉。」「兵塵阻海思茫茫，饒蔣堅蒼郭慨慷。賸記歲寒相戒語，十年前已罪文章。」「絕勝鳴機夜課圖，丹青長白記江都。孝慈題詠吾何敢，觸筆心寒反哺烏。」「兒輩過從跡又新，喧嬉猛志各爭神。還鄉仗汝為長計，雞黍籃輿正有人。」

丙申恰好是我出生那年。那時老師違難來台的生活，過去我並不清楚，只知羅理濤先生有時會來老師家打麻將。但看了這些詩，再結合我幼年所見長輩之狀況，真是情景如在目前。

把我的體會跟喻先生說了，他也很有感觸，乃又賡續收求，果然又收到老師一幅對聯：「信有風雲動呼吸，散飄辭翰滿江湖。眉叔張之淦錄舊句。」此聯不知寫於何時，但一定寫於台灣，且可能作於晚年。而老師後來痛惜時事，把文稿都燒了。此數件墨寶居然能飄洋過海傳流於大陸他湖南老家，文字有靈，足資慶幸。

連清吉一定明白我為什麼要從張老師說起。

老師的經歷很傳奇，抗戰時即在軍事委員會供職，來台後則在總統府、中央黨部參贊樞機。雖是南圖投荒，終究周旋於「饒蔣堅蒼郭慨慷」之間，然而心氣不近王佐而近江湖，意量不在當世而在千秋。故後來隱於大黌，弦歌自樂，並以得天下英才而教之為樂。

師門裁成人才甚眾，其中，我與連清吉卻最為親近。

他剛考入淡江大學時，我們就認得了。交遊從論學開始，所以也最純粹。

一起去玩的只有一次，是兩個班級分別舉辦露營，而竟都選擇了去離淡水甚遠的臺北縣坪林。

北勢溪春水漾媚，對我魅惑非常，以致後來幾乎每個月都逃學往遊。直到畢業時各班級例行的「畢業旅行」，也被我改成翡翠水庫鸕鶿潭北勢溪縱走露營。

可見那一次春遊，對我真有靈魂洗滌之功。《文心雕龍·物色篇》感慨：「屈平所以能洞監風騷之情者，抑亦江山之助乎！」我能感知物色、得益山川，則有賴於此。

那晚，星月淒迷，春寒料峭。連清吉持手電筒摸到上游我們營帳處，拉我去他們營地篝火唱樂，卻是十分的溫暖。直到現在，我想起他，第一個出現於腦海的形象，還是在篝火光影中的高季文。

那時，我們腦子裡其實還有更固定的圖景與未來意象：都已確定了要把學問之路走到底，繼續「沿溪行，忘路之遠近」。

所以回來以後，我們就都聽從了學長的建議，抱著虔敬和好奇的心情，商量了去選修張老師的課。

老師博雅宏深，開過許多課。如在泰山腳下隨處開井湧泉，任人汲飲。當時我正在詞章上用功，故選讀過六朝文、李商隱詩、東坡詩等課；連清吉上了的《呂氏春秋》、《戰國策》等卻沒去聽。

我後來在老師家讀到他一部分講稿和對《呂氏春秋》、《戰國策》的批註，無比欽服嘆惋。因而也就非常能理解連清吉後來篤志研究的心情。

他在張老師那裡獲得的治史方法和知識，後來也深受王邦雄老師欣賞，鼓勵他繼續深造。

但他去讀的東海大學碩士班，據魯實先老師跟我說，所長江舉謙的文字學只有零分。該校當時又無講述義理的教授，連清吉身處其間大概也很感苦惱。幸得張老師修書引介黃錦鋐老師指導他論文。黃老師也恰好是我在師大國文研究所的指導老師。所以我們繼續同門。

碩士畢業後他又由黃老師引介，負笈東瀛，入九州大學町田三郎先生門下，攻讀中國哲學博士。

這一路，我跟他彷彿有著命運共同體般的關係，緊緊繫於張老師身上。

老師和師母，待我們真如子姪。他跟高季文，每個週末都到老師書房聽講，我則是無節制地隨時登門，或陪老師聊天，或聽訓，或鑽進書房搜書。師母都一視同仁，饗以美食美酒。

那菜，遠勝臺北任何湘菜館，酒則一般都是金門高粱白金龍。老師豪飲，師母更勝，有次還告誡我：「你在外頭與人拼酒，除非是個豬。若在我這，則不要裝小腳」，於是我只能盡力追陪。談經論史，必盡其興。《詩經・大雅・既醉》曰：「既醉以酒，既飽以德，君子萬年，介爾景福」，連清吉與我有同樣的體會。

老師關懷我們的，不只是學業。弟子們的生活狀況、家庭、婚姻、升學、就業、兒女，無不令他二老操心。

方今教育，無非是病梅館中拘攣根幹、捆束枝葉這一套。像老師這樣關懷學生，殷殷煦煦而能春風化雨者，也不能說就沒有；但桃李芳菲，多不過是養在自己這個盆子裡。盆栽倒也好看，卻只是小門戶大匡廓，長不成大樹。張老師獨到之處，是讓我們能在他這盆土裡紮根，然後蟄龍深入，破盆到地底去盤根錯節。所以其他人僅如蘇州香雪海之夭梅，我們卻能長成旁邊鄧禹祠的大柏樹。柏有「清、奇、古、怪」四象，連清吉獨得其清，我則作意好奇，頗為古怪。

學問之道，根於性氣，所以雖同師教，風格卻異。我老想著「我是夢中傳彩筆，要書奇字寄朝雲」的事，他則循良清正，善於紹述，頗能繼志發皇。

自 1987 年他去日本，迄今三十多年，幾乎每年都有新作問世。以黃錦鋐老師的莊子研究為線索，直探日本江戶以來的莊子學，然後往上擴及近代日本的經學研究、考證學風、京都中國學派，並對文化史學家內藤湖南、文學史家吉川幸次郎都有精彩的個案研究。這方面，他顯然又是町田三郎先生最好的紹述者。

町田先生出身日本東北大學。該校是先秦諸子研究的重鎮，武內義雄啟其端，金谷治繼之，潛心於周秦兩漢。町田先生後來主持九州大學，更是把武內、金谷二氏所開創先秦諸子研究和日本漢學史結合了起來。

連清吉的路數也是如此，但他漸漸由思想史擴大到整個漢學領域，也關注到杜詩研究等文學領域，實是在町田先生基礎上的突破。而且後期愈來愈能超跡取神，從具體問題上升於史觀的討論，浸浸乎大家矣！

他認為京都學派內藤湖南所提出的「螺旋循環史觀」，過去都認為是在反駁當時歐洲學者的「中國文明停滯論」，而其實該史觀在當今的現實意義更大。因為文化的傳播既非直線的單方向傳播，也非閉環型的循環。若說閉環型，則會模糊文化傳播起點，也否認了文化在傳播過程中的不斷改良。螺旋循環史觀的意義，在於強調文化會由其中心地區逐步向周邊地區正向傳播，周

邊地區在接受之後也會逐漸產生文化自覺，進而形成具有自身特色的文化，並向原來文化中心的逆向回流。他願意借這個模式來解釋中國和周邊國家的歷史關係，也期待未來文化之交流循環。

他不止是書齋裡的學者，所以在中日學術交流之實踐方面，十分輝煌。環太平洋學會、東亞漢學會議都是他主推的；協調淡江大學等兩岸機構與日本學界互動，亦是波瀾壯闊，年有新猷。

他這些活動，我偶或參與、唱和，輒感意味盎然。當年張老師和師母送他去日本時，對他的期許，我覺得他都做到了。方今台灣學界，力能如此者，不作第二人想。

當然，宮崎市定的中國史學、神田喜一郎的日本漢文學，與他的學脈不接，他未能深究；日本漢學家首倡的中國戲曲雜劇和古典小說的研究，他也較少染指，故全豹之窺，猶有待於方來。可是志皓行潔，黽勉專力於學問至此，巍然大成，真有佛家所謂「不負如來」之況味，我是虔心敬佩的。

聽說他要退休，那尤其好啦！擺脫俗務，重返初服，是我們讀書人的夢想。我已規劃了國內國外幾個如坪林北勢溪那樣的山巔海涯，正等著與他再去玩玩，順便再論論學。

老同學

少年阿吉

沈志方

民國67年9月，在一間「半地下室」的學生宿舍初識連清吉。我退伍重回母校讀研，他從淡江初來東海，我們即將成為同學。

他是東西南北人，從高中起就長期在台北板橋讀書生活，對陌生環境的適應自有一套——低調，隨和，不顯山露水，常笑出一種鄉下孩子的憨厚拘謹。那時讀研二的周彥文與張國相我都「爛熟」，張、連又同寢室，我愛串門子，想不認識連清吉都難。

他自有獨特魅力。大伙團坐瞎扯，偶有興會得意處，他就伸手與我相握，表示「我就這樣想！」、「我們同國！」握多了，想不成為好友都難……。那時古龍的〈三少爺的劍〉流行，他笑著說：「我是阿吉，那個『沒用的阿吉』」然後指著我：「『要命的小方』，嘿嘿嘿……」──那也是古龍〈大地飛鷹〉裡的狠角色，又扣緊我姓名末字，「嘿嘿嘿」則是他少有的得意調皮，我只好摸摸鼻子學楚留香：「都是別人要我的命……」。

所以大家叫他阿吉。打籃球時阿吉擅長「用屁股搶籃板」（先把人拱開），這是我們慣用戰術。他一拱我就奔過中場大叫：「ㄚ

ㄨˇ—ㄐㄧˋ——」聽聲辨位，球就飛過來了，我一抄一撈，上籃，得分。我爽，阿吉也爽，屢試不爽。「ㄚˇ—ㄐㄧˋ」這音很少人發，我約四十歲時，有回在球場聽人喊過，一時如被擊中，久久不能自已。

阿吉初到東海，仍保持早睡早起習慣，每晚 11 點不到就兩眼睜不開，嚷著要睡了要睡了。最終當然被我們帶歪，晚上就常跟著我往周彥文那跑。那時彥文住 16 棟三樓的樓梯轉角閣樓，正趕著版本學論文，我和阿吉射飛鏢取樂。斗室極狹，飛鏢在彥文頭上亂飛，「篤！」、「篤！篤！」亂如雨聲，周老爺低頭忙碌，堅持不敢亂動……，我想，他的論文能「穩如泰山」過關，我和阿吉是有功勞的。

研一的生涯很開心，同班的陳登山、陳昭容都比我倆年長寬厚，又還沒有論文壓力，我們在不同學風、不同專長的激盪中、在方師鐸所長北大國學門的引導式教學下，把日子過得生動充實，上課認真聽，課後瞎討論，報告拚命寫，一路把大度山日月痛快踩在腳下……，我們那時相信好好讀書、靜心思辨是唯一正事。

我們倆身高、體型相彷彿，長相據說也有幾分相似，常被長輩友朋戲謔是不是走散的兄弟？我們也都是獨子，我在眷村豪恣慣了，常怒目做金剛；阿吉內斂，在人群前總低眉成菩薩。日子久了，「沒用的阿吉」人緣飽滿，「要命的小方」人神辟易。我有時笑他「沒用」，有時忍不住拍拍他肩膀：「你的心像大海，裝多少心事ㄚ……」。

後來，論文的「大難」終於來了，我們紛紛搬到校外賃屋「各自飛」，只能偶爾喝茶嘆氣：讀讀讀寫寫寫的日子何時了結。阿吉酒後伸出十指哀怨說：「指頭都喝麻了！」的畫面再也見不到了。再後來我們順利畢業，阿吉服役，我則掉入謀生的日日奔波中，結婚，生子，偶爾在台中街頭等紅綠燈時，回想發生過的事。再後來，聽說阿吉到明志工專了，結婚生子了，割捨一切去日本讀書圓夢了，聽說他讀書、兼課、教中文，吃了一年粗食終於將妻兒接過去了，聽說是福岡？鹿兒島？還是長崎？——香宋老人趙熙詩：「故人各各風前葉，秋盡東西南北飛」，我想起好多天涯四散的朋友，想起那個大清早穿過宿舍天井，來挖我起床打球的少年。

　　而忽然夢醒，黃粱餘香散盡。「一枕黃粱夢太長，憑人喚醒又何妨？」——夢中我似乎去過福岡太宰府、友泉亭、杖立溫泉、長崎原爆館，在福岡老式平房和他及彥文喝了一夜各式日本啤酒，寫了一首隱題詩。是耶？非耶？盯著他臉書那張日漸清如川端康成的照片，ㄚ，那通霄海邊來的少年，曾走過多少路？在那個排外的國度受過多少磨難？我不禁憮然歎息了。

　　退休後的日子算上蒼的酬庸吧？只要身體好，怎麼過都行。我知道他溫厚而又狷介，當然是好人；好人，當然一生平安。

句點／民國 71 年初夏

我在隔壁的水聲中。靜聽
男生宿舍十四棟的熱水
嘶嘶如鍊撲打你健康的肩胛
口試之後，你主修的先秦神話
盤空如龍，在水霧中隱隱
洗滌你疲乏的肌肉，以及
汗濕的傷口

這種感覺如何？
我敲牆問你，你說：
爽！鄉淳夠勁的西台灣口音
有些鹹味，宛如你家鄉海邊
四季不止的風，有些鹹味
但接近自然。你的神話研究
也接近自然

爽？曾高興我們仍是學生
率直易感的情緒四處轉折
起伏跌宕如論文前言
在古典與微弱的憂患間，我們

經常成為孤獨的驚嘆號！

孤獨，然後沉默。然後謹慎

推敲避諱對象，與

虛心的方式：這是逗點

我們最常使用的符號

至於問號分號刪節號——

這些最後的爭執，雨季過後

且留給結論去說

但一切都過去了，你說

我在水聲中靜聽，並開始回想

最初的困境。昨日我們同殤於一場

撲朔的語義遊戲，你固執的神話

我怯懦的文人樂府

水霧隱隱中推門而出

你寬厚的胸膛多健康

——那是什麼？一顆顆水珠

晶瑩如段落間巧妙安置的

句點。是我們最後的句點嗎？

好香的句點。

祝願畏友

李京奎

　　聽說連吉教授即將從日本長崎大學退休，我樂意向該紀念集投稿，以紀念與他的緣分。

　　我們初次見面，已有41年了。當時的青年人現在已經都老了。在這漫長的歲月裡，同歲的我們雖然沒能經常聯繫或見面，但是心裡一直都是可靠的朋友。自從我離開台灣後，我曾以個人旅行和學術會議等形式和他在日本見面3次，在台灣3次，在韓國2次。

　　1979年8月，我們第一次見面於台灣東海大學的中文研究所，當時連教授從台北來到台中，我離開韓國的老家來到台灣留學，對我來說，台灣的炎熱氣候和文化、宿舍，語言等一切都很陌生，很不自然。在這種環境下，我得到了當時中文系同學們對學業和生活的不少幫助。連教授特別關照我，我學習漢語，適應學業，他用各種方法持續地幫助了我。

　　二年後，我們為了撰寫畢業論文，租了校外「東海別墅」的房子，住在一起。這樣一起生活的過程中，我想購買中國文學的

基礎書籍和資料，多次訪問了台北的書店。當時在韓國購買中文書籍不易，特別是了解專業領域的圖書是非常重要的事。所以我購買了相當數量的基本學術書籍。這時，連教授也常跟我同行，給我介紹各個書店和專業書籍。由於這些緣分，我甚至到師範大學附近的書店可以賒購書籍了。

我們打算東海大學中研所畢業後，一起進入博士班深造。為此，連教授事先在台北租了房子。我們打算在那裡一起居住。我把一切都託給連教授，安安心心地回國了。但是命運似乎很無情，連教授決定進入日本福岡大學博士班，只剩下我一個人留在台灣。過了幾年後，1985 年，我回到韓國，擔任江垣大學教授。

他在福岡大學期間，我有機會去日本旅遊，曾和我的大姐一起訪問了連教授家住了幾天。又我需要學術資料，連教授還把福岡大學圖書館的資料借給我。無論從友情還是治學的態度來看，他是我堅實可靠的朋友。

我當了教授後，我們還能持續見面，是因為他組織了一個東亞國際學術研究會，在台灣、中國、日本、韓國等亞洲各國開會。我作為該研究會的韓國發起人代表，參加了第一次在日本召開的會議，數年後在韓國也召開了該學術會議。可見，連教授在東亞學術上的推進力和對人的親和力值得尊敬。有些事因為過了很久，我記不清楚，不過，有一次在日本召開東亞國際學術研究會，我帶著內人和女兒去參加。我到了日本後，不幸在會議期間刮起了強颱風，會議取消了。連教授此時也來到機場，迎

接我們，並配備了導遊。我和家人借此機會再感謝他。我很遺憾的是學問不夠，不能經常參加這個學會。孔子說「三人行，必有我師。」連清吉教授可說是我的畏友。現在我們都退休了，帶著美好的回憶，以相互尊敬和思念的心，期待日後再次見面的愉快時光。

雲捲雲舒、去留如意

周彥文

　　剛認識他的時候，大家叫他阿吉。那是民國68年的9月，阿吉不是很甘願的到東海中文研究所碩士班報到。

　　那年我在東海讀碩二，比他高一班，對這位話不多的學弟沒什麼特別的親切感，因為他成天臭臉，好像是被下放來的。

　　東海人少老師也少，碩一碩二都是一起上課的。他臭著臉上課、臭著臉和我們討論報告。功課結束，他第一個衝去拿球，大喊：打球囉！只有在抱著球的時候，他才露出純真的笑容。

　　當時我們說他是「勤快的阿吉」，報告他第一個寫完、吃飯時他第一個吃完、洗澡洗衣服他第一個做完；當時他們班的阿三，家裡在鹿谷種茶葉，教我們喝茶，阿吉永遠是第一個把茶杯一倒扣，說：「倒了！」他第一個品出那道茶已經沒茶味了！

　　他的日子裡好像只有打球和學問。當年東海的校地極大，我們從大學起一向是下了課就四處遊盪。可是阿吉像立下了絕不窺園的志向，對校園完全沒興趣。我們在寢室閒聊的時候，他常問：「這本書你們讀過沒有？」我們說沒有，他就說：「完了完了，

你們完了，這書都沒讀過！」他又問：「這個領域有位專家某某，你們知不知道？」我們說不知道，他又說：「完了完了，你們完了，這人你們都不知道！」起初我們覺得他無聊誇大，後來漸漸覺得不對勁了。

或許是全體師生都住校的關係，東海的老師對學生都很好，講課也都很認真；但是經過阿吉的不斷宣揚，我們似乎有了點覺醒。阿吉來自淡江，當時北部的大學頗有學術活動，而東海在這方面完全闕如，我們不知道什麼叫學術會議，更不知道什麼叫發表學術論文。阿吉把當時還在師大唸博班的龔鵬程請來東海給研究生演講，我是瞠目結舌的聽著；然後在阿吉鼓動下，他帶著我，和他同班的老沈、阿三，以及韓國來的李京奎，到台北來參加「中國古典文學研究學會」的學術會議。那是我第一次見識到學術會議，頗有眼界始大的感覺。然後我才真正瞭解為什麼阿吉始終說：「你們小東海……我們大淡江……」，原來他的立足點根本不是校園的大小。

碩班畢業後我到東吳唸博班，阿吉因為張之淦老師的引介，拜在師大黃錦鋐先生的門下寫碩論，再加上他未來的妻子高季文家住台北，所以他時常北上。來我家的時候，除了高季文，也會帶上他在東海唸碩一的學弟簡恩定。有時老沈、阿三、李京奎也會來，他們的到訪，是我唸博班時苦悶歲月中的最大安慰。

簡恩定在碩班畢業後，幾經波折，最後也進了東吳博士班。而阿吉考博班一直不順遂，後來到明志工專任教。這期間，阿吉

會帶我去他最崇敬的張之淦老師家；除了阿吉和高季文，到訪的通常還有張老師最得意的另一位弟子龔鵬程。我在張老師家，永遠跟不上他們論學的深度，但是卻真正感受到什麼是上一代學者的學識與風範。

那時黃錦鋐老師以六十歲花甲之年，得到了九州帝國大學的授予式博士學位；而張老師則認為阿吉在台灣似乎找不到較好的出路，規勸阿吉也去日本。於是阿吉毅然離別了高季文和當時不到三歲的兒子連乃駉，也申請到了九州大學中國哲學研究室，拜在町田三郎先生的門下，當起了留學生。

清吉在立穩腳跟後，才把高季文和乃駉接到日本同住。民國81年，清吉請町田先生幫忙，為我找到一份福岡市的研究經費，讓我可以到九州大學做半年的研究。我在當年8月底到日本，先暫住清吉家。等清吉帶著我租到了房子，我才把妻子鄭麗妍彎彎，以及五歲的大兒子、剛滿月的小兒子接來福岡。回想起來覺得有點不可思議，當時清吉還是博士生，竟然能請動町田先生協助讓我當訪問學人。而他一生要做中日學術交流的志業，竟是從我開始；上距民國76年他去日本，才不過五年時光。

清吉住的是一個很老舊的日式木造房子，走路時地板會吱吱作響。房子不算大，但是有庭院，種著好吃的無花果。清吉白天都去學校，高季文則時常帶著乃駉來找彎彎。她們倆在台灣時就結成好友了，高季文堅忍而開朗，彎彎則是粗線條的不拘小節，兩人的共同點就是都愛大笑，認識後一拍即合，成為莫逆。有一

回彎彎要帶從台灣來訪的朋友去京都一帶旅行一個星期，幾經商量，最後決定彎彎帶著大兒子同行，我則留下來照顧小兒子。有一天下午，很冷，飄著微微的細雪，我把小兒子抱到院子裡看飄雪，回頭看到高季文拎著小包包走了進來。她說：「你忘了今天是你小兒子滿四個月？我帶了餅乾來給他收涎。」日本當然沒有台灣「收涎」的餅乾，她是去超市買了仙貝代替。她把仙貝放在小兒子唇上點了一下，小兒子舔了舔，開始大哭，然後我們才發現那仙貝是微辣口味。高季文一臉歉然慌忙哄著孩子，我則大笑不已……。其實我知道，高季文善良體貼給我留面子，她是怕我父子倆餓肚皮，找個理由來看望我們！

我生性疏懶，三天打魚兩天曬網的去九大文學部圖書館翻翻古籍，早午和傍晚則會去中哲研究室混一下。清吉當時在研究室裡兼著助教的工作，我起先不以為意，經過一段時日，我才發覺事情沒那麼簡單。他的日文當然比不過本籍生，然而他要打理研究室裡的行政工作，還要管理本籍生，中國、台灣留學生的一切雜務。在這表象的背後，其實還有一個暗樁，就是助教往往是日後留校任教的第一人選，這在本籍生的眼中，是無法接受的。

然而清吉卻能獨受町田先生的青眼，原因緣自他的本性：勤快如昔、從不推委任何事情，個性堅毅而禮節得體周到；最重要的，是他對學術研究的執著，和其他許多留學生的心思是不一樣的。町田先生顯然看出了清吉的特質，對他的優遇異於其他學生；甚至每週一次下班後去健身房游泳，都會帶清吉同行。

民國84年清吉取得博士學位後，卻沒能留在九大。形勢比人強，這也是無奈的事。我曾經問他要不要回台灣，他說：「不回去了，想留下來替台灣學界做點事。」這句聽起來既怪異又矛盾的話，是清吉二十多年前就立下的心願。他把介紹日本漢學給台灣學界認識，視為自己這一生該做的志業。他覺得既然命運把他送到日本，他就該完成命運賦予他的使命。他說：「你們待在台灣，我留在日本，我們分頭努力！」說這話時，滿是「程嬰、杵臼，月照、西鄉，吾與足下分任之」的悲壯！

　　留在日本生活果然一如他預期般的辛苦。他先去了整天飄著火山灰的鹿兒島，在私立純心女子大學任教。鹿兒島民風保守，乃馴在那裡上小學頗不待見於當地的師生；高季文在當地又沒有朋友，只能孤軍奮戰。但是儘管環境惡劣，又並不甘願留在日本，高季文仍然靠著微薄的薪水堅忍持家。而清吉在這樣的情況下，並沒有忘記自己的初心，他用鹿兒島的舊名，和同事成立了「薩南中國學會」，邀約台灣的學者去開學術會議，開啟了清吉往後二十多年中日學術交流的大門。

　　幾年後清吉轉到國立長崎大學，他接續成立了環中國海研究學會、長崎中國學會，以及現在運作中的東亞漢學研究學會；台灣及中國大陸的學界因他而與日本漢學界往來密切。教學之餘，他又逐步有系統的把日本漢學家如內藤湖南、宮崎市定、町田三郎先生等人的學術思想，寫成一本本的專書在台灣出版。如今，想要認識日本的漢學界，這些專著就是經典。

民國 106 年我自淡江退休，清吉給了我長崎大學訪問學人的名義，讓我隔年四月開始，和彎彎在長崎有名無實的玩了近半年。高季文和彎彎久別再聚，兩人都開心得不得了。清吉仍像公務員般的每天準時上下班，我則時常當跟班走在兩個逛街女人的身後。看著她們的背影，不禁感慨，如今兩家的孩子們都已出社會，生活上的辛苦總算已經成為過去。

　　當年選擇留在日本，清吉終於沒有辜負命運賦予他的使命。現在要退休了，從此之後，雲捲雲舒，可以去留如意，不再受到羈絆；未來清吉在中日學術交流的大河之上，應該更能悠遊自在吧！

學術交流

連清吉與國際朱子學會議

林慶彰

　　我跟連清吉兄的互動在 20 世紀的 90 年代最為頻繁，我們一起做學術活動，參加當時在福岡舉辦的各種學術會議，一起到廣島、九州的鹿兒島、長崎等地做長途的旅行。1992 年 5 月，我編輯《朱子學研究書目》，清吉兄也提供了一些意見。1998 年我到九州大學做研究一年，下半年我跟他合編了《日本儒學研究書目》，這是第一本日本儒學的書目，我在結束之前做了一次公開的演講，明代思想史權威荒木見悟教授也來聽講，結束後他和我說要一個外國人來為我們編纂書目，這是很沒面子的事情。後來我又和清吉兄翻譯了安井小太郎等著的《經學史》，還有江文也的《上代支那正樂考——孔子的音樂論》，接著我和金培懿、陳靜慧、楊菁合譯《論語思想史》，都得到清吉兄很熱心的指正。

　　周彥文教授來電說清吉兄要在 2021 年 3 月退休，本來要替他舉辦研討會和餐會，但是他的親友和學生分隔在台灣和日本兩地，又加上新冠肺炎的疫情沒有得到緩和，所以就取消辦會的想法，出版紀念文集，由於我跟清吉兄有這麼多的互動，而這

互動的情況，請看我寫的兩篇文章，一是〈我在九州大學的學術活動〉（《國文天地》第 10 卷第 10 期（總第 118 期），1995 年 3 月），該文提到在九州有中日文化交流的正副部長，正部長是劉三富，副部長是連清吉，連教授本來在九州大學中國哲學研究室當助教，博士班畢業後到鹿兒島任教，他要離開福岡，我們都很擔心學術交流的工作會中斷，但事實並不是這樣，他反而擴大了我們這一群人的勢力範圍，有學者來北九州訪問的，就由劉三富負責，往鹿兒島的，就由清吉兄來接待，兩人搭配得天衣無縫。

第二篇〈臺日學術文化交流的志工──日本長崎大學連清吉教授的學思歷程〉（《國文天地》第 29 卷第 7 期（總第 343 期），2013 年 12 月）是清吉兄口述，我幫忙整理，篇幅將近八千字，對清吉兄的學思歷程有相當詳細的記載，有了這兩篇文章，我想應該沒有更精采的事情可以提出來的，但是後來我想想，有些小事是我以前沒提過的，不妨在這裡提出來談談。

1992 年 5 月文哲所舉辦國際朱子學會議，那時文哲所的籌備處主任吳宏一教授因身體微恙請假在家休息，我負責整個大會的籌辦事宜，參加這次會議的海內外學者有七十多人，大會是由文哲所與中華文化復興總會合辦，李登輝總統是文化復興總會的會長，所以大會結束後有晉見李總統的行程。我一大早就出門到重慶南路三段的中華文化復興總會，準備要帶學者到總統府，這次想見李總統的有四五十人，我要在總統面前介紹這個學者是哪一國來的，叫什麼名字，所以我在前一天晚上就花了一兩個鐘頭

來把他們的名字和任教的學校記下來，第二天見李總統時才不會說不出話來。那天我們在總統府的二樓等總統來，我引領總統和每一位學者見面寒暄，每一位我都唱名，輪到李明輝教授，他說我是憲文的同班同學。再輪到清吉兄，我和李總統說他是日本長崎大學的教授，清吉兄恐怕總統誤以為他是日本人，所以很大聲的說我是臺灣人，總統連說：好、好！可見這個臺灣人能和國際大學者來看他，他感到很愉快，清吉兄的大名也就讓國內外的漢學家牢記在心裡。

遊子歸故鄉
——記清吉兄蒞彰師大客座半年

黃文吉

「台灣好，台灣好，台灣真是復興島！……我們愛國的情緒，比那阿里山高，阿里山高！」永遠記得在福岡劉三富教授家高歌〈台灣好〉的那個晚上。

民國87年暑假，我應九州大學文學部中國文學研究室之邀，去做短期研究三個月，中研院文哲所研究員林慶彰也在九州大學中國哲學研究室做為期一年的研究，這時他已接近尾聲。由於慶彰兄的關係，因此與福岡大學劉三富教授、長崎大學連清吉教授有多次的聚會。

記得那個晚上，劉三富夫人準備一桌的佳餚，我和慶彰兄攜家帶眷就有九位，加上清吉兄夫婦、在 SHINCOH 公司任職的張宏榮先生及夫人，整個客廳非常熱鬧。大家出生背景、工作環境儘管不同，但都是來自台灣，話匣子一打開，就有聊不完的故鄉往事。

我們一面喝酒，一面聊天，在酒精催化下我和劉教授竟然情不自禁唱起〈台灣好〉這首歌，清吉兄及張先生在旁鼓譟，似乎

人在國外，才能真正感受到台灣的美好。喝完了啤酒，接著打開日本三得利威士忌，旁邊還準備有湖南酒鬼、金門陳高。整個晚上，我和清吉兄、張先生三人非常投緣，不知不覺夜已深了，經內人的提醒才起身跟主人告退。

我們一起走出門外，張先生大概幾分醉了，一直不肯坐上他夫人開的車，經過一番折騰我才將他送上車。清吉兄則陪我和慶彰兄兩家走到地鐵站之後才離去。上了地鐵，我開始不舒服，下車之後，終於忍不住往垃圾桶嘔吐。走回九大國際交流會館的住處，倒頭就睡，第二天酒醒問內人我們喝了幾瓶酒，她說我們把人家準備的酒都喝光了。後來聽說清吉兄當晚到醫院打點滴，這實在是一場不年少也輕狂的聚會。

在福岡期間，我和慶彰兄兩家曾到長崎出遊，並拜訪清吉兄，當時由慶彰兄的高足九大中哲博士生金培懿陪同，請金培懿的同學藤井倫明開車。清吉兄除帶我們遊長崎港口碼頭、大浦天主堂、哥拉巴公園等名勝外，也一起搭渡輪到伊王島這個度假休憩中心夜宿，伊王島旅館的設施非常完善，大家都忘記旅途勞累，徹底放鬆。

經過多次相聚閒聊，對清吉兄來日本求學的精神毅力更加感佩。當年台灣的中文博士班僅有五所，本來就僧多粥少，加上各校自我保護的情況下，要考上博士班相當不容易。清吉兄於民國71年獲得東海大學碩士，服役完後即到明志工專任教，他曾考博士班卻鎩羽而歸，但深造的願望始終在心中澎湃。民國76年在黃

錦鋐老師的引介下，他毅然決然放棄教職，負笈東瀛，投到九州大學中哲研究室町田三郎教授的門下，攻讀中國哲學博士。這對一般人已經不容易，何況清吉兄已有家眷，這更需要極大的勇氣。

清吉兄自言剛到福岡，日語一竅不通，有次外出購物，竟然迷路找不到住所，語言又無法問路，讓他焦急萬分，在外盤桓多時。沒想到經過了三年他就修完博士課程，又花不到五年時間完成論文，於民國84年2月獲得博士學位。這過程的艱辛與努力，實非局外人所能體會。清吉兄因有家眷，為了生活，他的夫人也到外兼課教中國語，清吉兄有時必須幫忙照顧小孩，有次他揹小孩搭車，攜帶奶瓶尿布，車上許多婦女都投以異樣的眼光，似乎覺得這個男人真可憐，因為在日本的社會裡，很少看到這種情況。皇天不負苦心人，清吉兄在取得博士學位前，就已先後獲聘為九州大學文學部助教、鹿兒島純心女子大學國際言語文化學部副教授。取得博士學位後，民國87年4月又轉到長崎大學環境科學部任職，我到九州大學短期研究時，他才剛到長崎大學不久。

我研究古典文學，清吉兄研究中國哲學，領域不同，參加的學術會議有別，比較沒有機會切磋，但因為慶彰兄的緣故，清吉兄返台講學或開會如果有時間相聚，我們也常常一起吃飯小酌，大概福岡之會心有餘悸，彼此見面喝酒都很節制。

我在彰化師大國文系任教，家仍住台北，所以比較有機會與來台的國外學者接觸。這些學者假使時間許可的話，我經常邀請他們到彰化師大演講，讓學生可以接受不同的學術訊息，開拓視

野。如日本學者興善宏、韓國學者許成道、中國學者嚴迪昌、王水照、王兆鵬、陳友冰等等，都曾到過本系。

國文系除大學部外，也有碩、博士班，我們常辦學術活動，廣邀國內外學者蒞校演講交流，後來覺得如果能延攬合適的人選來系上短期授課，那對研究生更有幫助。行政院國家科學委員會（今改為科技部）剛好有「延攬客座科技人才」補助辦法，於是本系同仁就透過這個辦法申請國外學者來系上授課，如民國97年徐秀慧老師曾延攬九州大學大學院言語文化研究院秋吉收教授到本系客座一學期，擔任「中日近代文學比較專題研究」及「魯迅專題研究」課程。民國98年我擔任教授獲得休假一年，也延攬武漢大學中文系王兆鵬教授來替代我在國文研究所碩士班的「詞學研究」、及博士班的「詩詞專題研究」。

我休假結束後回校上課，清吉兄聯繫本系許麗芳老師，他擬在11月中率領長崎大學及長崎縣立大學多名教授來台北開會，也希望到中部參訪。許老師安排他們到本系與研究生座談，並參觀鹿港古蹟。但這個時間許老師要代表學校參加姊妹校福岡教育大學的交流活動，所以請我幫忙代為接待，我當然滿口答應，好友蒞臨本校，一定要盡地主之誼。

我在與清吉兄聯繫過程中，突然想到，清吉兄去國多年，在學術界已有一番成就，如果可以的話，也應該回國奉獻所學，而透過國科會「延攬客座科技人才」辦法邀請他到本系授課，可以說是很好的方式。但要如何打動他呢？我覺得遊子在外，不管得

意或失意，對故鄉的想念乃人之常情，因此我邀請他時，特別向他強調可以就近回老家，當時電郵寫道：

> 吾兄學有專精，與本系同仁都很熟，如果日本那邊方便，不妨來本系客座講學一個學期，本校有學人宿舍，可供家庭住宿，您與大嫂回台灣住半年，就近也可常回清水老家（清吉兄為通霄人，與清水同屬海線，當時誤記），豈不兩便？

我9月底發函，11月初清吉兄終於回函，他說與家人商量結果，同意讓他單飛到彰師大半年，因小孩要上學，夫人必須照顧，無法隨行。接著我趕緊請他確認哪個學期較方便，本系10日（星期三）下午開系務會議，我可以提出，通過後再向國科會申請。當天系務會議很順利通過邀請清吉兄客座案，而且我們在會議結束後剛好也安排與清吉兄所率領的訪問團餐敘，兩者銜接天衣無縫。

原本當天系務會議結束並未安排同仁餐敘，所以許老師規畫請連老師一行在下榻的全台飯店的餐廳用餐，我個人覺得應該讓他們體驗彰化的美食與系上同仁的熱情，於是將用餐地點改到八卦山上的黑公雞餐廳，並請林明德副校長、張清泉主任及周益忠、王年双、吳明德等多位老師作陪。黑公雞是彰化著名的餐廳，夜景很美，菜色好吃並具風土味，是國文系宴客聚餐的專屬廚房，老闆葉明杰先生跟我們已成為好朋友。這次到訪的客人除

清吉兄及他的同事早瀨隆司、楊曉安教授外，還有長崎縣立大學的周國強、祈建民等教授，系上同仁對清吉兄能夠答應客座非常高興，大家在包廂裡開懷暢飲，我因感冒不敢多喝，益忠向來好客，尤其清吉兄與他是研究莊子的同好，所以當晚特別開心，與客人不斷乾杯。聚餐後我們回到學校，益忠兄已爛醉如泥，不醒人事，我和兩位同仁先將他扶上一張椅子，再一起抬著椅子一步一步地上樓梯，抬到二樓的研究室讓他休息，過程艱辛，我記憶猶深，他應該也畢生難忘吧！

以清吉兄的經歷與學養，他受邀到本系客座的申請案，經過國科會審查也很順利通過了。於是清吉兄在民國99年9月10日返國，入住學校的招待所，展開一學期的講學之旅。系上依照清吉兄的專長及意願，為他安排了兩門課，一門為「日本漢學導讀」（碩一及博一合開），一門為「老莊思想研究」（碩二），各三學分，共六小時，這都是清吉兄所擅長的研究領域，而且對本系研究生非常有幫助。

根據教學計劃書，清吉兄上「日本漢學導讀」，是以「日本中國學史」為主題，講授日本漢學的變遷、近世的意義、日本近世儒學史、幕末思潮－文化攘夷與文明開化論、明治漢學、大正漢學等六個專題。「老莊思想研究」則以「日本老莊研究史」為主題，講授江戶時代的老莊文獻學、日本的老莊學、日本近世的老莊研究、日本近代以來的老莊研究等四個專題，這都是系上研究生平日較少接觸的課程內容，開拓了他們的學術視野。

清吉兄除了在本系授課外，政治大學中文研究所也搭便車，邀請他去兼課，講授「日本漢學研究」。另外，他也參加台灣師範大學國文系舉辦的學術會議，發表〈吉川幸次郎的尚書正義研究〉論文，課餘並受彰化師大、台灣師大、高雄師大等三所師大之邀，專題演講「日本近代中國學」，而且他也促成台灣大學與長崎大學締結學術交流協定，可見他充分利用回台時間，嘉惠學子，協助學術交流。

清吉兄講學的過程中，領選課的研究生共同翻譯注釋日本學者的著述和研究文獻，計有：廣瀨淡窗《儒林評》、神田喜一郎〈日本漢文學〉、倉石武四郎《日本中國學發達史》、武內義雄〈日本老莊學〉、〈莊子考〉、〈老莊思想〉及其他關係文獻等，這些譯注成果相當豐碩，並提供彰化師大師生先行使用，我們獲得不少邊際效益。

本系星期三下午經常安排校外學者或作家演講，演講之後常有餐敘，為了讓清吉兄能與大家相聚，我建議清吉兄所擔任的課務必排在星期三，這樣才方便將他留在學校。所以這學期我們一起到黑公雞餐廳聚餐的次數非常頻繁，我還分別邀請慶彰兄及金培懿到本系演講，彼此熟悉使聚會更加熱絡。

時間過得很快，當民國一百年到來，學期將近尾聲的時候，突然接獲清吉兄的電郵，告訴我他的母親在元月二日去世，他要回通霄處理後事，有兩天的課必須請假，請我代辦手續。清吉兄曾告訴我，從小母親就非常疼他，是否因此特別選擇他在台灣的

時候離開人間？冥冥世界固然不可知，但可想而知的是清吉兄長期在外，因在本系客座能就近返家為母親送終，應該減少了不少的遺憾。

清吉兄辦完母親的喪事，又回學校繼續將課做個總結，也就放寒假了。國科會核定他的客座時間到二月底，但因日本有碩士論文要口考，二月中便先回日本一趟，主持口試，到月底再來台灣。他為了答謝系上同仁這段情緣，特別在黑公雞設宴請我和林明德副校長、張清泉主任、周益忠夫婦、康原夫婦及許麗芳、吳明德、葉連鵬等比較熟的老師，為這次返國講學之旅畫下了完美的句點。

幾年後，清吉兄回台灣所教的學生都已畢業了，本系博士班研究生柯混瀚也是修課的學生之一，民國 104 年他畢業後在花蓮服教育役時寫電郵給我，他感謝我邀請連清吉老師前來本系客座，讓他開啟留學日本的機會。原來他因為清吉兄的教導，鼓舞他申請國科會補助博士生赴海外研究的動力，因此得以前往日本福岡教育大學國語教育講座進行研修半年。如今他在洛陽師範學院文學院任教，主要教授課程為「日本漢文小說選讀」，這樣的因緣也值得在此一提。

歲月不饒人，我歸田已近六年，清吉兄也跟著我的後塵即將退休，因為新冠肺炎病毒肆虐全球，他無法返台接受好友的祝賀，我讀了他在四年前所寫的〈淡江的師友〉一文，結尾說：

年過六十歲，即將退休，同事或友人問我，退休後何去何從。長崎有住處，福岡是第二故鄉。回淡江客座時，高柏園和袁保新老師説：「將來在淡海新市鎮買一塊地，蓋幾棟房子，呼朋引伴，閒居清談」的夢想，也是理想的歸趨。

所以我除了祝福清吉兄榮退、身體永保安康外，也期待他所謂「理想的歸趨」早日到來，大家再「聊發少年狂」，痛飲幾杯吧！

連清吉教授榮退憶往

周益忠

　　約莫兩個月前，得知連清吉教授即將退休，雖然說不捨，但毫不驚訝。因為年紀都到了嘛！意外的是，這消息是幾十年不見，遠在台北的彥文兄來電告知的。電話中還要在下寫一篇懷念的短文。放下手機，驚覺一向慢工細活的烏孫太郎居然積極熱情起來，其中必有緣故。怎麼說呢？但也沒空多想。只因在這庚子大疫年，終日為疫情所困外，教學研究審稿等等，依舊不減反增，只得暫且擱在一旁。眼下英國的變種病毒竟還變本加厲，造成全球第三波的急遽傳染，自歐反亞，日本已宣布封國。這病毒也傳入國內，今年首波的霸王寒流又來攪局。可憐這歲暮年終，不但不得喘息，竟又接到催稿通知。這算是新年假期嗎？

　　放眼當今，全球各地的跨年活動要嘛停辦，要嘛改為線上進行。各地的演唱會為了防疫，幾乎都不開放進場。因之台上歌手賣力演出，台下觀眾席卻空無一人，有如中元普渡般，可謂今古奇譚！如今竟要為遠在北國的長崎大學連清吉教授辦榮退的紀念活動。也算盛情可感，更是患難真情。這真情當可戰勝疫情。讓

我等也即將退役的沙場老兵——教書多年，不免師老兵疲的老師也可說是老兵吧？同樣沐浴在這緬懷的氛圍中，挹注點感激興奮的保鮮劑。也讓幾近四十年的余致力追隨者，在製造不少桃李罐頭之餘，不因失去製造廠或沙場，就快速的腐朽下去。應也不失為利人利己的功德一樁。

話說與清吉兄初識於 1982 年，那年他在東海剛取得碩士，指導教授黃錦鋐老師正在我校擔任研究所所長。意氣風發的他也前來應考博士班，試前曾有短暫的會面，彼此正年少，飛揚說未來。只不過那年考試競爭超激烈，不乏來自全台各校的佼佼者。清吉兄因之垂翅蹭蹬，不久即負笈日本。先攻讀九州大學的博士，卒業後初則任教於鹿兒島大學，繼則轉往長崎大學迄今。1994 年左右更以其對跨國學術的熱忱，籌辦東亞漢學，編纂刊物，舉辦會議。1996 年的會議在下本擬前往參加，也盼望跟多年不見的清吉兄見上一面。但不巧先父於是年因中風溘然長逝，居喪期間只得取消行程。其後幾次會議也無緣參加。一直到 2010 年 9 月他休假返台，應邀前來彰化師大任交換教授，才得以再暢敘平生。

清吉兄治學謹嚴，研究成果斐然，個性則外冷內熱，學界頗多知己，且遍及海內外。2010 年秋天某日，他邀來在長崎縣立大學任教的周國強兄等來彰化交流，會後不免到八卦山上黑公雞餐廳歡聚。記得當天不少陪客攜來各家佳釀，美饌美酒二美具，因而個個神采飛揚，一杯一杯復一杯。遠來是客，且長崎來的四

大金剛都是鐵帽子高人。然系上同仁或責在開車，或不諳此道，林副也因養生故，只略嚐幾口。唯在下與文吉兄挺身而出，接受來自彼邦群豪的挑戰。筵席間各家名酒輪番上場：一箱波爾多紅酒告罄，幾瓶約翰走路登場，然後白蘭地輪替，繼則金門陳高接續下半場，更有兩手啤酒及月桂冠等等待命。不只春秋五霸簡直是戰國七雄，就給他雄雄倒入喉嚨裡。尤其國強兄與在下誼屬同宗，且彼此遭逢又相近，越聊越起勁，頓覺相見恨晚，不免捉對廝殺起來。與水滸傳不打不相識的規矩不一樣的是，餐桌上不相識則不多敬，然一敬下來，就思君如流水，無有窮已時。在地詩人康原又唸起歌詩助興，大伙就忘情到神鬼神帝、生天生地然後天昏地暗地拚場。因之，紅黃白等等不同溫度與色澤的酒湯一一下肚。糟了！

彼酒湯無差別的在小弟腸胃內，濁賢清聖的較量不停。先是滋潤、再則淹沒，繼則挑戰極限，燒殺擄掠。管他三焦、橫膈膜與膏肓，就搶起地盤來。只覺腹內冷熱交戰下，有如鐵扇公主的嬌軀遭到潑猴金箍棒的無情侍候，一霎時冬雷震震、夏雨雪；又似羅馬競技場的神鬼交鋒，然後鬼差神遣、鬼哭神號。初則不以為意，繼則無思無慮、其樂陶陶；進而竟神似酒德頌所述：靜聽不聞雷霆之聲，熟識不覩泰山之形。莊子所謂的呆若木雞吧？就這樣，頹然失天地，杳然入醉鄉。終於在頭疼欲裂中醒來時，已是隔天近午時的研究室中。據聞當晚最後有勞吳、王等幾位同事努力攙扶，方能返校休憩。

事後回想，彼時何以如此拼命？除了有朋自遠方來的古訓外，應該也為了清吉兄的開口激勵攸關。略謂：他是好友來此交換，這次來自遠方的他的好友更是難得的好友，且又有同宗的情誼，杯底豈可飼金魚？作為地主的咱只能唯唯稱是。又思及杜甫詩：主稱會面難，一舉累十觴。十觴亦不醉，感子故意長。也記起俗諺：輸人不輸陣，輸陣歹看面。茲事體大又事關顏面。為求賓主俱歡，哪管壯烈犧牲？如今一想，當年也許好逞強吧！唯此事應可一不可再。

　　八卦山一役後，與清吉兄又失聯多年，直到2015春因休假赴長崎短期研究，兩個月間有勞他的張羅與安排。除了在櫻花樹下領略扶桑人幕天席地，縱意所如，品酒醉花的情味外；其後又蒙他邀請國強兄等前來相聚。浮雲一別，流水多年。歡笑情誼如舊，蕭疏鬢髮已斑。擬把疏狂再圖一醉，然許是佳眷在旁，多所瞻顧，豪情已略減當年，竟不能再度領略佳境。至今思之猶悵然不已。

　　告別長崎，返回台灣。2016年起在下承乏院務，也要負責彰化師大文學院學報。清吉兄不吝擔任無給職的海外編輯顧問，如此三年有餘。庚子年初卸下院務後，本擬邀他前來相聚，並致謝忱。只可惜，疫情嚴峻，自去年初至今猶未稍歇。在通關篩檢的重重限制下，清吉兄應該難以返鄉。然轉念一想：或許已將榮退的他，在烏孫太郎等好友的真情感召下，當不惜那十四加七天的隔離檢疫期吧？倘能歸來，弟自當重整旗鼓，預購高鐵票北上

前往同賀——賀人也自賀一番。

唉！何時一樽酒，重與細論文？不知者謂我何求？只為結識清吉兄近四十年，他即將掛冠歸去，自當好好痛飲一番。竟因眼前全球大疫橫行，不得交通，更不能有所群聚。無可奈何之餘，或許姑且一試那古老的偏方吧？據聞古祕笈有載：遇大瘟疫遠行當備好酒與好友共飲，如此三七日之後，則疫癘迴避，瘟神可去。是耶？非耶？不知清吉兄知否？信否？

2021 年正月初四歲次庚子小寒前夕周益忠謹識於白沙山莊

同事

東亞漢學研究學會與清吉教授

楊曉安

　　1994 年我來到日本，先後在北陸地區的福井大學和北海道的文教大學工作了 12 年。後來由於不大習慣北海道冬天的生活，加之日本私立大學，特別是如北海道文教大學般規模較小的私立大學，隨著少子化的日趨嚴重，其生存非常艱難，隨時可能有倒閉的危險，因而為安全起見，2006 年我們舉家南下，來到了國立長崎大學。在赴任以前，我從長崎大學網頁得知，有一位台灣出身、名叫連清吉的先生負責學校的漢語教學。他是個什麼樣的人呢？說實話，我有些好奇。後來與清吉教授見面，已經是我在長崎大學工作兩週以後的事了。初見清吉教授，對其印象深刻：身材頎長、穿著一件中式裝，頭髮顯出與年齡不符的花白，卻更增添了儒雅的氣質。他給我詳細介紹了長崎大學漢語教學現狀和兼課老師的情況、並將日本漢語能力考試長崎地區的工作轉交於我。他說話聲音很低，但言辭中透著一種率直與真誠，我當時就覺得他是一個值得信賴與深交的人。果然如此，後來我們成了摯友，成了真正的「哥兒們」。

來長崎大學以前，我雖然已經在日本的大學工作了 12 年，但因外國人的身份，總有一種客居他鄉的感覺，當然也就毫無在日本主動做點什麼的衝動，只是在完成教學工作之餘，做點兒自覺有趣的所謂研究工作而已。但是，來到長崎以後，特別是與清吉教授共事以後，我們幾乎同時產生了在長崎這個歷史上與中國密切相連的地方，是可以做點兒什麼事的想法。做點什麼事呢？後來便有了清吉教授倡導成立的「長崎中國學會」，有了 2010 年 7 月邀大陸、台灣和日本的二十餘位研究者在長崎舉辦的國際研討會，有了首次出版的《東亞漢學的回顧與展望》一書。在那次研討會後，遊覽世界文化遺址哥拉巴園時，來自大陸的繼凱教授提議擴大規模，成立一個涵蓋範圍更大的學會。他的提議立刻得到了清吉教授、彥文教授、學超教授與我的贊同，大家商定成立「東亞漢學研究學會」，搭建一個更大的平臺，提供給兩岸三地以及日韓研究中國學的朋友與後學。大家敲定，此學會每年舉行一屆年會，每屆舉辦地不同，每次會前先行出版會刊《東亞漢學研究》，且需在會議召開時發送到與會者手中。這就是所謂的「一年一地，一會一刊」的學會特色。此次長崎研討會後，清吉教授即向日本國會圖書館申請了《東亞漢學研究》的國際書號，從此以後，大家明確分工、各司其職，成功組織、舉辦了一屆又一屆年會，出版了一本又一本本學會的研究論集。

　　去年十月，彥文教授在「第十一屆東亞漢學國際研討會」閉幕式致辭中說道：「學會的歷史當然不止十年，早在連清吉教授

還在日本鹿兒島任教時，他就已經著眼環中國海地域，不斷倡議舉行跨域性質的學術會議。他提出的跨域，一個是地域上的跨域，另一個是學術上的跨域。前者建構的是漢學無疆界的概念，後者則是超越級別、年齡以及研究領域，使參與的學者得以宏觀的體認漢學的浩博與精進。」

　　的確，清吉教授一直十分重視對學界年輕後輩的支持與培養，他多次提出支持年輕人的參與，刊物儘可能增加年輕人的論文比例。2013 年底我和清吉教授商量，是否可以從在傳媒大學舉辦的「東亞漢學研究學會第五屆學術年會」開始在「博士生論壇」之外再設立「青年學者獎」，每次年會各分區遴選兩位角逐「青年學者獎」的候選人，經大會報告和專家公正嚴格的評審，選出 2-3 名青年學者授予「青年學者獎」。這一動議立刻得到了清吉教授的贊同。他強調，既是「青年學者獎」預選人，就有標杆作用，就應該設立專場報告，而且為了激勵其他年輕學者，報告應該安排在年會的全體大會上進行，而且最後需要專家代表對獲獎論文進行深度講評。當然，這項提議得到了大家的一致贊同，從 2014 年 5 月在傳媒大學舉辦的「東亞漢學研究學會第五屆學術年會暨中國文化價值與國際漢學研究國際學術研討會」到 2020 年 10 月在網上舉辦的「第十一屆東亞漢學國際學術研討會」，共有 26 名青年學人角逐「青年學者獎」，先後有 14 人獲獎。另外年會「博士生論壇」收入論文 78 篇，「特別研討會」中收入研究生論文 50 餘篇。

除了「一年一地，一會一刊」之外，本學會還先後舉辦過七次特別的「國際學術研討會」，也相應出版了 7 本《東亞漢學研究》（特別號）。每次特別會議都以專輯的形式，以某重大研究項目、議題為主，兼顧其他研究領域與成果。比如 2013 年西安研討會和 2020 年網上論壇均圍繞著「陝西古代文獻研究」而展開，而 2018 年韓國全州研討會則以「韓國漢學研究」為中心議題。在此需要特別說的是，清吉教授為在日本舉行的共 6 次國際學術會議（三次年會、三次特別會議）做了大量的工作。他既要向每位與會大陸學者發出邀請，又要準備向日本入國管理局或駐外領事館提交的大量申請檔，還要與日本各會場進行瑣細的聯繫，而最終會前的場地準備等許多具體工作，也大多是清吉教授帶領他的研究生做的。每每想到這麼多年與請吉教授在學會運營上的良好合作，我深感欣慰，並對清吉教授充滿謝意。

　　東亞漢學研究學會走過了十年的旅程，清吉教授為此付出了很多。雖然現在他要退休了，要「隱退江湖」了，但我更欣賞那句「老兵永不下戰場」的話，希望清吉教授退而不隱，以常務理事的身份，繼續參與、支援東亞漢學研究學會的工作，和我們大家一起將學會辦得更好。

師友

人生奇景

周志文

　　我不善與人交遊周旋，我的朋友大多是長期的朋友。想起連清吉，算是我長期的朋友了。

　　我認識連清吉，跟我弟弟周彥文有關，連清吉是周彥文讀東海研究所碩士班時的同學，他們同學時就十分要好。我早年在淡江教書，過了兩年周彥文也來淡江，彥文小我很多，但因姓名相近，籍貫相仿，個性也有點近似，不久就成了一對大家公認的「異父異母親兄弟」了。

　　周彥文有好的，都不忘與我這個大哥分享，朋友也在內，所以剛認識彥文就也認識連清吉了，也包括清吉他一家人。我認識連清吉時他已留學日本，在九州大學跟町田三郎先生讀博士。當時在九州福岡的有劉三富先生與王孝廉先生，一在福岡大學、一在西南學院大學任教，他們都來自台灣，頻繁往來台日之間，成為兩方漢學溝通的橋樑，辦了不少活動，連清吉在其中最年輕，加上也極熱心，先是跑腿，久了之後，成為活動的核心人物。

　　活動我也參與了一些，九州一直是日本漢學的重鎮，岡田武

彥、荒木見悟與岡村繁先生都是碩德大儒。由劉、王與連清吉三位無私的介紹，我們認識了不少有頭有臉的人物，連清吉的老師町田先生當然在內。老輩漢學家的漢語能力都不錯，可以用漢語交通，有些地方得以「筆談」交換意見，有意思的是跟他們筆談時最好要用文言，漢學家讀的是中國古書，時下的白話文不很通，講一般話時反而會詞窮，但碰到尷尬時刻，只要連清吉在旁，經他翻譯也就通了，「原來是這意思呀」，往往引起了一陣笑。

　　一次在九大圖書館，町田先生親自帶我們幾人看他們館藏的寶貝，是幾卷敦煌殘卷，我們都戴上白手套，屏息之間，町田緩慢又恭敬的打開珍藏的卷軸，沒有人敢去碰它，因為實在太神聖又太脆弱了，原來是一張張經刻意裱褙的唐代的手寫佛教經文。我特別留意在裝卷軸的木盒上，日本人用毛筆恭楷寫著「大唐」的字樣，當我面對那張一千多年前我們祖先所留下的殘紙，覺得時空凜凜，大氣在震動。

　　還有一次我們一行人乘火車到鹿兒島，又轉乘渡輪到一海之隔的櫻島。櫻島是個活火山，就在我們到的一兩個月前就噴發了一次，把這邊的鹿兒島弄得到處是火山灰，狼狽不堪。我們到的時候據說已暫時穩定了，但在渡輪停的碼頭，還是立有警告說隨時會噴發，我們到了島上，就覺得腳下不穩實，一直在隱隱的震動。在島上我們參觀了一個詩人的故居，經過一個小學還有學生在上課，回程在最接近火山口的地方，聽到山在隆隆作響，滾滾黑煙從山頂氣口冒出，路邊有一大堵水泥高牆，擋在朝火山口的

一方，導遊說萬一碰到噴發，可到牆底避一避，我問連清吉，說真的大噴發，會擋得住嗎？導遊說當然擋不住的，此時地又大震了一次，立即的危機讓我想起一些攸關生死的事，要是真爆發，因為太近了，我們都會無法逃的掩埋在滾燙的火山灰燼之中，連屍骨都不存了呢。直到現在，我還會常想起這兩件「震動」我的事，而周彥文、連清吉也在現場的。

連清吉也跟著周彥文喊我大哥，這使得我也視他一家為家人，一次內人陪我到長崎大學參加九州漢學家的年會，當時連清吉還沒在長崎專任，住在福岡，我們在福岡時便住他家。清吉夫人高季文極親切，兒子乃駟、女兒景伊都好看又聰慧，當時乃駟才剛讀小學，清吉對之督責甚嚴，每天凌晨必要求他正襟危坐臨大楷一頁，小女兒景伊才初入幼稚園，喜歡唱歌。後來清吉得九大博士，到鹿兒島一所學校教了一陣書，終轉到長崎大學任教，此後就一直教下去，我們之間也往來不輟。

隔了很久，一天內人整理照片，找到兩張當年我們在福岡連家的照片，照片裡他讀小學的兒子乃駟端坐桌前寫大楷，內人忙交給我，說你快給連清吉，他一定高興萬分的。看到照片，才發覺時光飛逝，乃駟早從醫學院畢業，已成為執業醫師，結了婚又生了兩個孩子了。我也常想起他女兒，連清吉對兒子督責很嚴，犯了錯往往不假辭色，但對女兒卻百依百順，曾說生了兒子就是要打要罵的，我問女兒呢？他說也一樣，我說是讓她打你罵你回來吧，他想了想笑著說大哥您說的對，確實如此呀。連清吉在日

本久了，生活舉止免不了有點日本人大男人的習氣，表情往往刻板嚴肅，但一談起女兒來，就變得溫柔又有幽默感了。景伊小時就喜歡唱歌，稍大學過鋼琴，一次連清吉來台灣，我問他女兒如何了？他說已讀中學了，還是非常喜歡音樂，我便把剛買來的一套十多張蕭邦全集 CD 送給他了，我請他帶給景伊，表示「大伯」對她的支持，這套唱片是那時當紅的鋼琴家阿胥肯納吉彈的。

連清吉外表冷靜，內心熱忱，他對世事人情是有意見也有看法的，可惜我們交談的機會少，對我而言算是損失。他對學術也很有貢獻，他用中文寫了幾本研究日本漢學家內藤湖南的書，也費心整理校訂了他老師町田三郎的專著，用心很細，功勞很大，因為有專文談他學術成就的，此篇小文就不談了。

去年某一天，突然聽周彥文說連清吉也要退休了，時間真那麼快嗎？一時之間我也有點不適應起來。想到自己退休已十多年，清吉就算比我小十幾歲，也得面對這個場景了吧。去年我跟他通信，言及未來，發覺他有些黯然，我想他一直積極奮發，對退休後無事可幹，多少會有些調適的困難吧。跟他說，有人視人生為戰鬥，而戰鬥的對象是會變的，退休後要克服的不是敵人而是自己，退休之前孜孜不倦為別人，退休之後就該為自己了。想到之後有很多時間可以做平生未曾做過的事，看平生未曾看過的書，人生不少的奇景，會因為探索追求而繽紛自現的，所以退休其實是幸福的事。

值此美好時刻，祝福清吉與季文夫婦。

清逸秀出皆噫氣，吉祥止止共忘機
——賀連清吉教授載譽退官

高柏園

一、緣起

日本長崎大學連清吉教授即將在 2021 年 3 月載譽榮退，值此退官之際，台灣師友皆十分關注並予以衷心祝福，熱烈之情可感！周彥文兄與我本想在淡江大學舉辦恭賀連清吉教授退官之學術研討會，一方面邀請清吉兄發表退官演說，另一方面也藉機與師友們共聚一堂，重溫昔日論學交遊之盛況與溫馨。唯新冠疫情遲遲未見緩和，因此改以出版專集之形式，由彥文教授與黃文倩教授主持編務，廣邀師友宏文，以誌祝賀之忱，並對清吉兄的卓越貢獻，表達最高的敬意與讚歎！

二、主觀的感謝與祝福

我與清吉兄相識已逾三十年，我兄為人剛正謙和，有大志願、大理想，與之遊，莫不有眼界大開，氣象一新之感，內心當下充滿理想與動力。託清吉兄的福，我方能有幸造訪長崎達二十

多次，走遍九州，環遊日本，有師友照顧如此，誠人生之樂事也！以鹿兒島大學為起點，一路結識日本學者甚多，無論是學術研討、文化視野、人文生活、自然風光，皆有甚深之領會與受益。尤其師友同行，師生共遊，融言教、身教與境教於一爐，頗有孔子周遊列國之感，我相信這也正是清吉兄與淡江中文諸師友，共同推動國際學術與文化交流的動力所在。

深具歷史意識與民族文化情感是清吉兄的人格特質，其歷史意識除了對傳統文化的傳承，更表現在對父母師長的敬事上，例如對王邦雄教授、町田三郎教授事之甚恭，可見其一斑。每次在課堂上介紹清吉兄，我都要同學多學習連教授的學問，特別是屬於生命的學問這部分。無私的心，使清吉兄有一股清逸高貴之氣，令人俗慮盡銷，有「雖無文王猶興」之奮起豪情。無私之心為體，清逸之氣是相，而提攜後進不遺餘力則為用。其所以全力推動成立東亞漢學會，一是為東亞漢學研究發展而努力，二則是為建立平台，以文會友，更為培養後進，以期永續此人文理想於無盡，其無私在此，其清逸在此，其令人讚歎者在此。

於公，清吉兄指導、協助我完成與日本學界、大學、學者，建立學術交流合約，無數的會議、互動、討論，一一皆是我的感謝。於私，在日本各地期間，皆是清吉兄的安排與照顧，我與日本之緣，端賴我兄扶持協助，大德不言謝，也只能銘記於心，以示不忘耳！

三、客觀的成就與貢獻

　　清吉兄學術研究的重點在日本漢學、莊子學與文學，曾任淡江大學中文系客座教授一年，並在台師大、政大、彰師大等校任教。於傳授中國哲學思想外，特別介紹日本漢學的發展，開拓學生國際學術視野，可謂居功厥偉。以下請以二義略示清吉兄的客觀成就與貢獻。

（一）推動中日文化學術交流

　　據我所知，日本福岡地區有劉三富教授、王孝廉教授與連清吉教授，三人可謂中日文化學術交流的重要推手，其中又以清吉教授活動力最強，貢獻也最大。諸如推動淡江、醒吾、華梵、政大、台師大、彰師大等各校，與日本各大學交流、簽訂姊妹校、合辦學術會議、交換教授與學生等，都是因為清吉兄的引介與協助而得以順利完成。為使交流合作能持續發展，清吉兄與彥文兄等人乃聯合倡議創立東亞漢學會，每年固定在台灣、日本、韓國、大陸等地的大學，舉辦國際學術會議，建立老、中、青三代互動交流的平台，如今成果斐然，皆諸兄之功也。清吉教授曾任長崎大學環境科學部副部長，並與淡江中文系共同為環境科學部的二位部長井上義彥、井守義則之退官，分別舉辦了二場學術研討會，以表彰他們在學術研究及推動中日學術交流的卓越貢獻。除請二位院長發表退官演說外，並製作成光碟敬贈院長以為

紀念。此舉也開啟了長崎大學日後為其退官教授舉辦學術會議的先河。淡江大學與長崎大學、長崎外國語大學、吉林大學簽訂姊妹校，華梵大學與長崎外國語大學簽訂姊妹校，我皆有幸躬逢其盛；而長崎大學齋藤校長、長崎外國語大學光田校長來淡江訪問，凡此皆清吉兄推動而成就之盛事也。猶記當年任淡江中文系主任，率團赴福岡參加學術會議，團中有王仁鈞教授伉儷、周志文教授、周彥文教授、何金蘭教授、袁保新教授、盧國屏教授、黃麗卿老師、吳春枝助教、黃慧鳳助教，以及研究生若干人，晚間大夥共聚一堂，喝茶聊天，一時興起，志文教授與金蘭教授分別高歌愉眾，「大雪茄」之聲至今猶在耳際。遊學期間，全團近三十人的生活皆有賴清吉兄細心安排，方能在會議成功之餘，更有難忘的師友共遊盛會。淡江大學張紘炬校長曾在校務會議中公開肯定中文系在國際化的努力與表現，我想，這全都有賴連清吉、周志文、周彥文、盧國屏、吳哲夫、陳仕華等諸位教授與團隊的努力而有以致之，這應該是淡江中文系學術交流史上最亮麗的樂章！

（二）台北文化中心論與大淡江主義

從東亞再聚焦台灣，清吉兄分析二岸的發展趨勢是：政治中心在北京，經濟中心在上海，而台北應該以文化重鎮自許。此所謂「台北文化中心論」。孟子思想有王霸之辨，霸者以力勝，而力之現實義即在政治、經濟、軍事的實力，此非大國不足以為

之。然王道以仁為本，則國雖小亦可以由仁行義而為王，此所謂「仁者為王」。依此義，則台灣正應充分發揮其文化底蘊的優勢，以仁政王道自許，而昂然挺立於國際之間。因此，清吉兄特別重視文化學術交流，讓台灣不僅有中國傳統文化之根，更能與世界文明溝通對話，即在地化即全球化。台北文化中心論之真正精神與價值在此。

清吉兄為淡江校友，對母校情感深厚，心中一直懷有大淡江主義的理想與願景。所謂大淡江並非一封閉的門派觀念，而是一種「浩浩淡江，萬里通航；新舊思想，輸來相將」的開放精神。我從清吉兄的日常言行中，感受到一種寬大無私的胸懷，除了淡江，他也積極協助台灣各大學，推動與日本、大陸學界的交流合作。只是依儒家「親親仁民愛物」的本末先後之道，身為淡江校友，自不能忘本，進而以大淡江精神為學界服務，為淡江爭光，此真豪傑之士也！

四、餘韻

《論語》載葉公問孔子於子路，子路不對。子曰：「子奚不曰：其為人也，發憤忘食，樂以忘憂，不知老之將至。」時光匆匆，不覺之間清吉兄即將屆齡榮退，回顧昔日相隨問道，此時心中有無盡的感謝、敬佩、讚歎與祝福。然我知清吉兄必不以此為意，蓋其仍心繫大淡江，心繫學術交流，心繫人類文明與未來，此所謂至誠無息也。今特以拙文表彰清吉兄學術與文化交流之貢

獻，亦略陳往年盛會之一二，兼憶師友之情誼於萬一。敬祝清吉
兄身體健康，吉祥愉悅，並期待「後退官時代」的來臨，我等必
也再次追隨，再創中日文化學術交流之高，斯為至樂者也！

月掛汐越松
——像連先生這樣的人

江淑君

　　在人生時而無明的道途中，總有幸能遇上幾個長者前輩，步履堅定走在伸手可及的前方，沿途為你披荊斬棘、探照引路。幽暗茫昧之中，循著光源慢慢前行，亦能免於被魆黑覆滅。他們是夢想的先行者，帶著真理的身體，努力將肉身實踐成法身，腦袋裡被世俗尺度訕笑的理念與信仰，彷若星辰在他們身上發著光。

　　這樣的先行者著實越來越少了，但我身邊的連先生就像這樣的人！

　　我們認識得很早，真正熟悉卻是在我博班畢業以後。情感的凝聚就在一場一場的國際會議中漸次蓄養發酵，後來似乎更進化淬煉成親人的意義。每每遠赴日本開會，內心鼓漲著一股期待情緒，因為「我在日本可是有親人」的想法，讓我備感安適自在。日本之於我，尤其長崎這個海港城市，也莫名激發了一種十分親切的想像維度。

　　我所參與的數十場國際研討會中，十之八九都可以見到連先生的身影。因為連先生以莊子寓言作為碩論研究主題之故，我們

兩人有了更多話題可以作為談資。指導教授黃錦鋐先生，同時也是我就讀臺師大博班期間「中國學術思想史」課程的任課教師，此一交集似乎讓彼此的關係又貼近一點。師生之間文化傳承的使命與理想，我們顯然有著一致的認同與體會。

向來嚴肅理性的連先生，也有著爽朗感性的一面。2019 年 11 月，東亞漢學研究學會在名古屋學院大學舉行年號會議，會後我們結團參訪白川鄉合掌村。中午時分，他帶著衍南和我享用知名和牛，並且小酌當地盛產的大吟釀。美酒美食當前，連先生內心突然冒出一個二十來歲的俏皮小夥子。文人騷客言酒能澆胸中壘塊，使人形神相親、引人著勝地，果然不假。他開心咧嘴輕笑著，拋開人世塵勞枷鎖，滔滔不絕、侃侃而談，聊自己、聊家人、聊生活、聊抱負。我一邊炙燒牛排，一邊欣賞他一反常態的活潑模樣，甚是可愛有趣！我喜歡連先生的這個面向，更甚於他在學術領域的形象。

我要再重複一次，我更喜歡連先生爽朗感性的一面。那是放下諸多有形無形束縛框架之後，臉部線條柔和、目光溫暖，相當平易近人的他。大抵研究老莊的人，骨子裡都是儒家的。連先生自然沒有例外。他自律甚嚴，謹守信念，生活作息固定。若能沉下心安靜讀書研究，那就是無可挑剔的歲月靜好。外人眼中大概會誤以為他是個性情僵硬、乏味無趣的人哪！可事實上並不是。若時間有餘裕、經濟有餘力，他也學習著賞玩或收藏彩繪瓷器。此則需要有溫潤文雅、澹然細緻的氣質心靈才能感通契應。印象

至深的，就是 2000 年 12 月到日本福岡西南學院大學參加研討會，連先生特別安排了佐賀縣有田町「柿右衛門窯」的參訪行程。他戲稱要帶我們去買傳家寶。偌大的靜謐窯區，楓紅正鬧得火熱。展間玻璃櫃裏備受呵護的藝術精品，每一個物件都令人屏氣凝神。體取自然，處處顯露禪機的庭院裡，柿木傲然立於一隅。果實幾乎落盡，獨剩一、二高掛枝頭，那種孤高、孤絕的禪感，淡淡釋放出無執著、不依附的機鋒。美的感覺只能聽從自己內心的聲音。二十世紀的最後，遠從日本帶回臺灣，被認可為人間國寶的第十四代柿右衛門濁手蓼花紋瓷瓶，只能用一個驚嘆號來表述。不需花朵陪襯，一件純粹器物，也能將人的精神審美層次，昇華到無與倫比的境界。對於藝術鑑賞能力的涵養，連先生可謂吾之啟蒙師。

2019 年 4 月 18 日台灣東部發生 6 級地震，震後連老師捎來訊息。我們在社群媒體的往來對話，最能素樸展現他的人格特質。姑且節錄一小段對白，或能多少側顯出像連先生這樣的人的內在精神：

2019/4/18（下午 5:05）

連：花蓮地震，台北受到影響。貴校男廁有災情傳出。你們平安無事嗎？

江：我沒事。研究室很慘，所有的陶瓷都碎了，書架倒下來，沒壓到我。只能斷捨離，也沒辦法。現在整理中，

謝謝老師關心,人沒事。

連:災情慘重呢。守正呢?

2019/4/19(上午 8:21)

江:昨天把手機忘在研究室裡(抱歉!)。研究室書架是滑
下來的(我幾乎想用身體去擋它),裡頭都是記憶的重
量,是這十多年來從各國帶回的喜愛陶瓷和朋友相贈的
禮物。全毀了,研究室像廢墟。為了盡快回到生活軌
道,昨天整理好才回家。今天一早到垃圾堆裡把一些
記憶的殘骸撿回來,我竟然在垃圾間掉眼淚。我已經覺
悟,不會再買陶瓷了。守正的研究室請助教看過(外子
當時在京都立命館大學客座研究),只有無敵鐵金剛的
公仔倒了。我研究室的書架大有問題,上下之間本有卡
榫,但因太老舊卡榫早丟了。這次災情慘重都是書架的
關係。

連:太慘重了。昨天回家,和內人談到妳的損失。內人說陶
瓷器要放在箱子裡,想看的時候,再拿出來端詳。或
許,這樣,是會有一些久違了的新鮮感和疼惜的成就
感。

江:嗯,家裡的收藏都沒事。這些在研究室的陶瓷平常都有
在使用,兼具感受和實用的效果。我想他們也不枉此
生,我把情緒調整好就好。

連：也是。非常不捨，就歸於另一種「身退」。

江：昨天才和學生講佛教思想中的「捨」，這是上天給我的學習。

連：町田三郎先生喜歡北京狗。退休之前養了一隻黑色的，取名為「始皇」。養了十年左右，去世了。隔了幾年，再一隻，還是黑色，仍舊叫「始皇」。町田先生逝世了，師母住院，很久沒看到第二代的「始皇」。

江：好特別的名字，是取自秦始皇。

連：物我冥合，就在捨與不捨之間。

江：了解，謝謝老師的開導！

連：雄的如此稱呼，雌的叫「楊貴妃」。究竟沒有飼養雌的寵物。莊子説「周將處夫材與不材之間」，妳怎麼解説呢？

江：材與不材之間，好像接近「道」，但又不是「道」，因為未能免於繫累。莊周真正想説的，應該是以渾化的智慧透破「材與不材」二元對立的分別觀念。所以捨與不捨，都要超越以求精神的解脱。

連：福永光司把「材與不材之間」和「方內與方外」皆遊，一起説。

江：好像挺好，也説得通。這樣也是「迹冥圓」。

連：金谷治先生引申説明松尾芭蕉脱離「俳人」的安定生活而行走人間，是莊子逍遙遊的體現。

江：最近讀了夏目漱石的遺作《明暗》，對於世俗與非世俗之

間的安頓，也有深刻體悟。松尾芭蕉也是生活的實踐者。

連：松尾芭蕉是從脫俗到入俗，再到超俗。

江：明白。

連：25日淡江見，再聊。

江：謝謝老師的安慰，我感覺好很多了。

因為這席對話，促使我潛心認真閱讀松尾芭蕉的俳句和俳文，希望以芭蕉為參照系，和莊子學說產生互文的可能。我想到2016年2月，東亞漢學研究學會在京都女子大學舉行特別號會議，會後周彥文教授帶領我們一行人到嵐山散策。我們在芭蕉曾待過的「落柿舍」憑弔遺跡，駐足良久。這是芭蕉門下弟子向井去來度過晚年的草庵，簡單、自然、真樸，流露出詩意般的安適閑情與從容寧靜。原來芭蕉能進能出的逍遙境界，乃是以著出世精神，圓融涵攝煩擾紛爭的人間世界而來的。行走人間，才是真正的自由自在、無拘無束。這樣的生命格局，無所止著、無所滯礙，確實是莊子逍遙遊的如如體現。

生命宛若無垠大海，以著漲潮般的生命擁抱人間世，從我眼中看到的連先生，就是這樣的人啊！現在他要退休了，那肯定不是退潮，而是另一波浪潮的再起。連先生已然完成「從脫俗到入俗」的階段，毫無疑問的，接下來的人生大戲，將是一場「從入俗到超俗」的生命演繹。我衷心熱切期待著……

（附註：「月掛汐越松」，出自松尾芭蕉《奧之細道》一書中所引和歌。濱坂汐越神社一帶，岸邊高丘平台上有很多古松，統稱汐越松。其枝葉甚是可愛，當高浪沖刷高台往下延伸的古老松根，明月高高掛上枝頭之時，據說是當地罕見的勝景。連先生此刻亦行至人生勝景之處，故取其象徵之意作為標題。）

學問的執著與平凡的累積

曾守正

　　連先生，我總是這樣稱呼他，有時也稱呼連さん，從初識的那刻，或者是 30 年後的今日。

　　第一次見到連先生，是在 1988 年。1987 年，連先生負笈遠赴日本九州大學深造，研讀博士學位，翌年，他陪同町田三郎教授訪問淡江大學，擔任「安井息軒的生平與學問」演講會的翻譯者。這場演講，對於剛進入大學求知未久，且對於日本漢學毫無所悉的大學生而言，無疑是大開眼界。主持人說，臺上的翻譯者正是淡江大學的系友，這讓一心想念中文系的人，突然意識到，中國學術傳播與影響的寬闊性。此外，溫文儒雅的學者、翻譯者形象，也就成為未來志業工作的想像之一。多年以後我才明白，這時候的連先生也剛到日本不久，但他正不斷自我策勵，投身學術研究，克服語言與文化差異，而演講會上的翻譯表現，正是突破的歷程與蛻變。

　　第二次遇見連先生，並且開始交談，應該是 12 年之後了。1999 年 8 月，承蒙淡江大學諸多師長的愛護與提攜，讓我有返

校服務的機會，2000 年 12 月，系主任高柏園教授帶領淡江師長、助教與博士生，參加在福岡西南學院大學舉辦的第四屆「東亞漢學會議」。在會議中，我得以聆聽臺、日學者高見，增長見識，而會後師友相偕參訪，交流情誼，並且結識許多日後在學術路途上一起奮鬥的新師友，這真是意外的收穫。旅程之中，連先生對於師長的敬重，對於朋友的真誠，對於晚輩的提攜，在在令人感動。正因如此，我便開始向他親近，並且從獲得教益。

2003 年，連先生接受高柏園教授邀請，返回淡江大學客座，在這段期間前後，連先生促使「東亞漢學會議」（1994）、「環中國海學會」（2004）成立，我雖轉任政治大學服務，但淡江師友與連先生，仍寬容我當了逃兵，依舊給我最多的溫暖與學習機會，因此我能如昔向連先生請益。連先生後來成立的「長崎中國學會」（2010），以及同年由「長崎中國學會」改組成立的「東亞漢學研究會」，我亦有幸參與其中。

2008 年，連先生榮任長崎大學環境學部副部長，這項職務使他更頻繁地往返臺日之間，積極推動大學締約、招收臺灣高中生赴日本就讀等事務，政治大學也因此簽訂兩校交流協定。2010 年，連先生客座彰化師範大學，每週往返彰化與台北，其原因僅為了旁聽王邦雄教授在淡江大學的課程，其尊師與樂道之心，可見一斑。正因為這個機緣，政治大學中文系高桂惠主任即禮聘連先生至本系研究所開課。每週五上午八點多，我到國際會館接連先生上山，至百年樓教室講課；中午則和政大師友餐敘，那是一

段快樂論學與漫談的光陰。多年以後，還有研究生告訴我，在連先生的課堂上，他們怎樣認讀日本漢學文獻，如何拓展學術視域並積累學養，或許如此的自然親暱，政治大學和連先生日後發展出更多、更細膩的交往。2013年，長崎大學片峰校長在連先生的陪同下，專程參加政治大學在臺復校60年校慶，2014年長崎大學新設多文化社會學部，連先生獲聘擔任副部長，政治大學吳思華校長則特別責成林啟屏教授與我，遠赴日本祝賀新學部成立。2014年，兩校交流協定換約，繼續保持友好關係，並為兩校學生提供更多的學習機會。

爾後，政治大學執行教育部「人文及社會科學知識跨界應用能力計畫：轉注藝遊」（2015.08-2019.03），我們從人文轉譯、場域實踐的角度，進行跨領域教學實驗，而連先生多次給予寶貴的建議，並且參加「敘述遊戲創意設計」課程活動，到北投社區大學觀察、體驗同學的學習成果；政治大學執行教育部「華人文化主體性研究中心」計畫（2018、2019），連先生則參與「中國文學之美學感受性」研究，擔任海外研究員；政治大學創新與創造力研究中心執行校內高教深耕計畫國際課程計畫「文化探索・服務創新：博物館文物典藏與應用」（2020）時，連先生雖在國際疫情肆虐下，不克蒞臨課堂，但他仍未放棄鼎力相助的初衷。課前，反覆和我們演練數位通訊工具，課中或辛勞隔海講授課程、或全程陪伴我們完成六天的密集課程。在開課前的溽熱氣候中，連先生穿著汗衫，專注地盯著電腦螢幕，每當學會一種通訊系統的操

作方式時，他總露出喜悅的笑容，那份純厚篤實的笑容，也應該是我們在充滿變數的環境下，還能夠堅定完成課程的支撐力量。

連先生在大作〈螺旋循環觀：文化發展論〉一文指出，內藤湖南的對於東亞文化發展的歷史觀，是「中心向周邊影響的正向運動和周邊向中心影響的相反方向運動交織而成的『螺旋循環』」，假設文化傳播是螺旋循環，那正向與反向運動的力量，皆須仰賴傳播者居中擺渡，而連先生正選擇了擺渡人的角色，這讓臺日學界有了寶貴交流互動的機會。交流互動若要避免於虛浮與短暫，那便要有執著與累積的決心。連先生在大作《杜甫千年之後的異國知己：吉川幸次郎》一書尾端，有一篇 2013 年訂補的〈後記：九州游學〉，這篇文章生動地描繪他到九州求學的歷程，文末他從日本漢學家的身上，歸結學者生活的寫照：學問的執著與平凡的累積。這份寫照，又何嘗不是連先生自己的座右銘或者縮影呢？因為學問的執著，他聚焦於日本中國學，從學術史角度出版多部專著；因為平凡的累積，他有了深刻的洞察力與堅毅的實踐力，進而組織多種跨國學術社群，並且促成研究與教學的聯結。

這 20 年來，我得諸連先生的指導與幫助甚多，點點滴滴，難以名狀。在連先生退休前夕，謹以零散的紀錄，表達內心的敬意與謝忱於一、二。

連清吉先生與環中國海研究學會

胡衍南

　　凡熟悉東亞漢學學術交流活動者，大概都會同意，總部設於日本的「東亞漢學研究學會」，是過去十年最活躍的組織。從 2011 年設立以來，已連續十年舉辦「東亞漢學國際學術研討會」，地點遍及日本的長崎、東京、京都、名古屋、札幌，台灣的台北、台中，中國大陸的西安、廈門、澳門、桂林，韓國的全州，而且年年出版學會刊物《東亞漢學研究》。這段期間曾出席會議、發表論文的師友，無一不知出身台灣的長崎大學教授連清吉，一直是這個學會的靈魂人物。

　　然而在「東亞漢學研究學會」成立之前，另外有一個性質相近的學會組織也做著一樣的事，它大致以北台灣及南日本為據點，號召從事漢學研究的青年學者及年輕研究生進行跨境交流——它就是連清吉教授推動成立的「環中國海研究學會」。學會於 2005 年年初取得台灣內政部頒發的人民團體立案證書，當年 11 月即在日本長崎召開「第一屆環中國海漢學研討會」（原名「第一屆中、日、韓青年漢學學者國際學術會議」）。以下是隔年

春天發出的〈學會簡介〉：

> 中華民國環中國海研究學會（以下簡稱「本會」），最早由台灣旅日漢學家連清吉教授倡議籌設，期望藉由定期舉辦具有「論文賞」性質的學術研討會，實際促進環中國海之國家（地區）青年漢學研究者成果交流，擴大並且深化下一世代的漢學研究成果。
>
> 連清吉教授的構想，在 2003 至 2004 年於淡江大學客座期間，得到文學院師生熱烈響應，當時文學院長高柏園教授即刻委託漢語文化暨文獻資源研究所陳仕華教授負責籌備工作。2005 年初，本會正式成立，第一次會員大會順利選出第一屆理、監事，理事並且互相推選出高柏園教授為第一屆理事長。

從 2005 年到 2011 年，學會先後舉辦六屆「環中國海漢學研討會」，以下是每屆會議的出席名單：

【第一屆】

時間：2005 年 11 月 18、19 日

地點：長崎大學、長崎中華會館

主題演講：呂正惠教授（淡江大學）、高柏園教授（淡江大學）、連清吉教授（長崎大學）、王孝廉教授（西南學院大學）

論文發表（學者）：江淑君副教授、胡衍南副教授、余惠靜副教

授、程克雅副教授、林佳蓉副教授（以上台灣），劉卿美講師（韓國），崔淑芬教授（中國大陸）。

論文發表（博、碩士研究生）：陳世忠、孫貴珠、陳虹霖、陳惠鈴、胡文嘉、陳彥戎、許明珠、陳紹聖、陳昇輝、黃子純、陳瑤蒨（以上台灣），金繩初美、有働彰子（以上日本），馬叢慧（中國大陸）。

座談引言：陳彥戎（輔仁大學）、胡文嘉（東華大學），荒木雪葉、駄太井直子、高尾さくら（以上西南學院大學）。

【第二屆】

時間：2006 年 12 月 9、10 日

地點：福岡大學

主題演講：周彥文教授（淡江大學）

論文發表（學者）：鄧紅教授（中國大陸），鹿憶鹿教授、曾守正副教授、江淑君副教授、李幸玲副教授、胡衍南副教授（以上台灣），金繩初美講師、有働彰子講師（以上日本），劉卿美講師（韓國）。

論文發表（博士研究生）：楊雅筑、陳紹聖、李懿純、林偉淑（以上台灣），中村貴、荒木雪葉（以上日本）。

座談引言：連清吉教授（長崎大學）、笠征教授（福岡大學）、王孝廉教授（西南學院大學）、東英壽教授（九州大學）、中島貴奈教授（長崎大學）、葉言材教授（北九州大學）、楊曉安教授（長

崎大學）、鹿憶鹿教授（東吳大學）、曾守正副教授（政治大學）。

【第三屆】

時間：2007 年 6 月 29 日

地點：淡江大學

主題演講：王暉教授（陝西師範大學）

論文發表（博士研究生）：楊雅筑、郭章裕、張伯宇、劉怡君、董立民、楊奕成、林偉淑、楊志強、黃文倩、王玉輝、蒲彥光、黃雅雯、黃惠萍、張博鈞（以上台灣），陳狘（中國大陸）。

論文點評（學者）：胡正之副教授、陳仕華副教授、殷善培副教授、周德良助理教授、李幸玲副教授、江淑君副教授、許華峰助理教授、黃麗卿助理教授、徐秀慧助理教授、蘇敏逸助理教授、翁聖峰副教授、黃明理副教授、崔成宗副教授、徐國能助理教授、曾守正副教授。

會議貴賓及主席：呂正惠教授、王仁鈞教授、王文進教授、連清吉教授、盧國屏教授、吳哲夫教授、王邦雄教授、周彥文教授、高柏園教授、鹿憶鹿教授。

【第四屆】

時間：2009 年 2 月 17 日

地點：長崎大學

主題演講：高柏園教授（淡江大學）

論文發表（學者）：曾守正教授、吳秋慧教授、胡衍南副教授、林啟屏教授、江淑君副教授、邱琳婷講師、李幸玲副教授（以上台灣），連清吉教授、楊曉安教授、祁建民教授、周國強教授（以上日本）。

【第五屆】

時間：2009 年 11 月 7 日

地點：淡江大學

主題演講：高柏園教授（淡江大學）

論文發表（學者）：連清吉教授、楊曉安教授、祁建民教授、周國強教授（以上日本）。

論文發表（博士研究生）：陳雅玲、方麗娟、張富鈞、黃子純、黃雅雯、張巧瑜、陳惠鈴、方慶雲（以上台灣）

論文點評（學者）：許華峰副教授、胡衍南教授、許維萍助理教授、黃麗卿助理教授、王學玲副教授、呂文翠副教授、蘇敏逸副教授、李幸玲副教授。

會議主席：周彥文教授、呂正惠教授、陳仕華副教授。

【第六屆】

時間：2011 年 5 月 27 日

地點：台灣淡江大學

主題演講：高柏園教授（淡江大學）

論文發表（博士研究生）：謝乙德、周宏仁、黃雅雯、陳俊宏、詹孟蓉、陳冠薇（以上台灣），吳鵬、賀南、王琨（以上大陸），李碩九（韓國）。

論文點評（學者）：江淑君教授、許維萍副教授、殷善培副教授、李幸玲副教授、黃明理教授、陳仕華副教授、周德良副教授、李志宏副教授、戴華萱副教授、蘇敏逸副教授。

會議主席（學者）：胡衍南教授、曾守正教授、呂正惠教授。

　　十幾年過去，當年的青年學者，多數早已升等教授。當年發表論文的研究生，也絕大多數取得博士學位，在不同崗位從事科研工作，例如陳狪已經是廣島大學文學研究科副教授，蒲彥光目前是明志科大通識中心主任，林偉淑、黃文倩則為淡江大學中文系副教授，李懿純是大同大學通識教育中心助理教授，陳昇輝、謝乙德到廣西百色書院指導壯族青年，黃子純、陳惠鈴在台灣師大教授國文，王玉輝目前是屏東高中教務主任……。未來，他們會繼續譜寫自己的學術樂章，並且也樂於向青年分享自己的一切吧。

　　六屆的會議，不論在台灣或者日本，總是白天會上激辯，夜裡席上交鋒。曾守正教授老笑我，作為學會的秘書長，白天辦會槁木死灰、像個喪屍，晚上喝酒嘴角上揚、才見人味。沒錯！我至今都還記得，第一屆會議在長崎，呂正惠教授醉到不省人事，被人抬到長崎大學招待所外的草坪棄著，一個人哭到夜裡三點才肯回房睡覺。第二屆會議在福岡，我等在房裡小酌，酒意上身之

後竟然激辯誰才「出身」不好，都十一點了還見曾守正掛電話到鹿憶鹿房裡，問她當年高中是不是念名校？第三屆會議回到台北，回到淡江，特敦聘吳哲夫、王邦雄……等大腕級資深教授坐陣指導，請來當時台灣最好的副教授及助理教授義務點評論文，當年十五篇博士生的論文個個擲地有聲，也難怪那一屆的陳狔、林偉淑、黃文倩至今都出版專著三、五本，論文發表至少五十篇。那天晚上在淡水「大腳印」餐廳席開三桌，飲酒無數，我甚至已經忘記怎麼回家了。第四屆拉回長崎，會議前一天晚上，連清吉他們社區壘球隊的隊長、阿公級的遊擊手大川勝先生請我喝酒，我們仁在一個沒有客人的卡拉 OK 和溫柔老闆娘痛飲日本酒，喝到我第二天失去語言能力沒法子好好宣讀論文。至於第五屆、第六屆，啊……太多回憶，講不完了……。

連清吉本身也好酒，但我懷疑他自從淡江客座那年於「紅樓」大醉一場後，境界漸高，有時看別人喝的開心，自己也能得意其中。所以在每一次酒局裡，無論眾人如何肉搏，多麼嗔癡，他總一派從容，掛著微笑，彷彿是超然一切的高僧。這讓我每每想要改動王國維那句詩──「偶開天眼覷紅塵，可喜身是眼中人」。

可喜我們曾經同在一起，在「東亞漢學研究學會」成立前的六、七年間。謝謝連清吉教授帶來的「環中國海研究學會」，謝謝所有一起走過的學術夥伴。

生命與學問的融通實踐

陳紹聖

記得老師曾經在淡江大學的演講中，指出個人在探索及努力多年之後，找到了他人生的職志：中日學術文化思想的交流工作。我也曾在老師的文章中，看到老師期盼通過一套普遍性價值觀之建立，進而完善東亞以儒家思想為基礎的各國之交流及共生。

我想在場的師友們在聆聽演講時的感受，當然是非常直接而深刻的。因為在研究上，無論針對內藤湖南、吉川幸次郎等日本學者的研究專著，與町田先生著作的翻譯介紹，乃至於通過螺旋史觀以觀察文化的發展，一直以來都是老師努力研究的範圍。這些領域的成果，當然也都是老師在學問方面，促進學術思想交流的實際成就。

但除了客觀知識的學問研究之外，數十年來老師風塵僕僕地，親自帶領著研究生至台灣、日本等地交換留學；舉辦環中國海與東亞漢學研究學會，以提供學者交流，並辦理論壇提攜年輕學者發表論文；帶領中文、化學等諸多不同領域的學者，彼此參訪、發表與交流，這些都是眾所皆知的事實。無數的學生、學者

都受到了老師的指導與幫助，這就不僅僅只是客觀知識層面的研究成果，而是學問與生命的結合，並且實踐在各個層面。

但是我對老師用心於中日學術文化思想的交流工作這個職志，有著非常強烈的感受。在我撰寫碩士論文之時，找到了三篇日本學者的期刊，這幾篇論文直接扣合著我的論文主題，也自然無可規避地必須面對此研究成果。但當時連五十音都一字不識的我，即使努力找了翻譯社，卻也只能證明自己是個無力負擔的窮學生。在我茫然困頓而不知所措之時，連老師立即伸出了援助的手。老師只是在一個偶然的聚會中聽到了我的困境，竟然立即主動索取這三篇期刊，並且一兩週後我就收到了從日本寄來了親手翻譯的文稿。沒錯！是親手逐字翻譯書寫在稿紙上的三篇期刊。

我並非老師指導的學生，只是一位剛與老師認識沒多久的小研究生，當然無法想到老師願意花費寶貴的時間，無私且無償地協助我。看著手上那疊稿紙，當時的我心中其實只有單純的感激；直到聽到了這場演講，我才真正瞭解老師用盡一輩子心力，是在推動學術思想文化的交流。而這個涉及各個層面交流活動，正是老師學問與生命結合落實的成果。我心中一直感謝著的那份翻譯，只是老師思想實踐呈現的一個小小環節而已，老師想實現的願望其實更加遠大。老師曾指出東亞諸國，其實是以儒家思想為主體所發展而成的，並希望由此建立出一套普遍性的價值觀；而這套普遍性的價值觀，就是未來東亞各國共生共存的基礎。

仁者安仁。老師的研究承接牟宗三先生的觀點，認為儒家思

想同樣可以在一心開出二門之後開出德行暨知識二門。雖然近年論者，每每通過諸多客觀知識上的研究，對此一心是否得以開出二門表示諸多質疑。但若吾人孰知老師一生之著述及言行，自然從老師的實踐面上知道德行暨知識二門的開出，絕對不是單純通過客觀知識，以討論其是否得以證成的問題。因為在實踐的成果上，老師已然其在生命與學問的交融之中，完成了知識暨德行的融通與落實，也實際落實這套普遍性的價值觀。

感謝周師彥文在老師即將退休之際，願意讓我們這些飽受老師恩惠的學生，有機會可以說出一些心中的話的機會。我想我們窮盡一生也無法企及老師的境界，但盡力凝視著這個身影以自我督促，並在職場與一生中努力追尋，也應該是我們努力的目標。

讓典範與恩德永遠傳遞

李懿純

　　千禧年我在淡江大學，應該是剛認識連老師的時間，當時淡江大學為了讓碩、博士生更有機會接軌國際，很流行雙師指導，而我在高柏園老師的建議下，懵懵懂懂的就接受系上安排，成為老師的指導學生。沒想到當時的懵懂，卻是至今最大的幸運，一晃眼二十個年頭，受到老師太多的照顧與關懷，尤其老師在人格上的典範，對我產生非常大的影響。我記得，老師總說自己非常幸運，有機會遊學九州，但我心裡想著，老師一定比別人更加倍努力，才有能力立足於日本學界，並在東亞漢學界有一定的影響力。

　　如今，我成為一名教師，仍僅記著老師對我的勉勵，老師受町田先生影響極深，專精於京都中國學者的論著，在我無法平衡生活、研究與工作時，老師學習町田先生工作的方式，以町田先生說的「平凡日子的積累」，實踐在二十餘年的任教生涯中。這一點深深影響著我，我一直在尋找安身立命之處，老師以「各安所在」讓我知道如何安在於人間世，並在人世間找到自己「安其所安」之境。我嘗試實踐老師勉勵的生活方式，即使無法達到老

師的期許、到達老師的境界，但在困頓時只要想起這番勉勵，我的人生就得以持續前進。

老師即將退休，應周彥文老師之邀，寫一篇抒情散文，周老師說類似告白的文章，我想我有好多告白，希望透過這篇文章，感謝老師的在我懵懂生命中的出現，讓我在求學暨教書歷程中，有一位學界的典範業師得以參考，能亦步亦趨跟隨著老師的腳步，已是我覺得最大的幸福。我的學術生涯受到老師很大的啟發與幫助，猶記得在就讀碩班期間，當時網路並不發達，我研究憨山德清思想，其中憨山德清的日文資料，老師不僅幫忙翻譯，還郵寄到台灣。當時我住在通往陽明山路上的「桂花樹」，在山林間寫論文，等待老師的指導信件，是至今都懷念的事情之一；老師手寫的指導信件，不僅協助我完成碩士論文，更成為我學術研究非常重要的養分。博士班我到輔仁大學就讀，仍與老師保持聯繫，老師用心地指導我的論文寫作，我的博士論文研究晚明莊學，記得老師還贈我一本荒木見悟的《佛教陽明學》，讓我的博士研究更加完善，這本書亦成為我所珍藏的書籍。不僅如此，老師還帶著我與當時的同儕們，出國發表論文；一直到「東亞漢學研究學會」成立，老師仍不間斷的提攜後進。我相信不只是我受惠良多，一定有更多在漢學這條道路上研究的同好們，都因為老師成立的「東亞漢學研究學會」，而有更多學術成長的發表機會。

在與老師交遊期間，讓我印象深刻的是 2006 年 11 月前往福岡、長崎發表論文，行前老師來信說劉三富老師因為身體關係

需要喝甘蔗汁，但日本買不到台灣現榨的甘蔗汁。於是我跟紹聖在淡水國小旁，找到一間現榨的甘蔗汁店，買好甘蔗汁後冷凍起來，帶到日本，當時也帶了老師公子喜愛的滿漢牛肉泡麵。我至今仍清楚的感受到，夜晚與同儕們，跟隨著老師走在氣候宜人的福岡街頭上，那清晰又明朗的空氣氛圍。我們與老師的來往是如此真摯，因為老師無論在生活、學業、人格養成、理想實踐上，在在都百般照護，讓我感受到老師待我如同女兒般的疼愛與教誨。

除在日本之外，2010 年 10 月 8-10 日在台灣，老師帶著富永義則教授來台，說是要到台南走走，我即聯絡家父，並與紹聖安排台南遊行程，帶著老師與富永教授，從台南市古蹟、小吃巡禮到虎頭埤風景區、街役場等遊覽，並遠眺草山月世界 308 高地，老師當時留下了一張非常帥氣的照片，至今我都還保留著。期間有個小趣聞，我邀請老師與富永教授到寒舍坐坐，家父想贈送一把木製武士刀給老師，老師客氣的說高鐵無法攜帶北上，我知道老師是不好意思接受贈禮，但家父隨即說，這把是家母那方親戚專門做銷往日本的產品，剛從高鐵坐回台南，木製武士刀才有機會送出。老師的風範就是如此，總是無償地對他人付出，又多處為他人設想，卻鮮少接受饋贈；做人雖嚴謹又不失風趣，做事有規範又不失彈性，我受老師影響甚深，卻做不及他的萬分之一。2010 年 10 月，暢遊台南時我懷孕大約四個月，肚裡的孩子出生後，老師還特地到我台北的家中看她，在我生命成長中，能有一位如同父親般的學者指導我，真的是我最大的福分。

老師即將退休，除在研究上對我的指導之外，對我影響最深遠的是老師的人格典範，以及一直提點我在平凡日子中如何積累，並找到安身立命之法。祝福老師帶著您的典範與恩德榮退，也讓我能持續追隨著您的腳步成長。

一期一會，且行且珍惜

戴華萱

　　加入東亞漢學學會的機緣，是因為曾守正老師的推薦。而初次見到連老師，是在 2011 年的陝西師範大學的年會上。還記得在乾燥炎熱高溫的西安六月，將行李安放置在校方安排老師們入住的「專家樓」後，便跟幾位夥伴們閑散的晃到大廳集合，突然一位穿著唐裝、看來極具威嚴的長者迎面而來，對著我嚴厲的說：「博士生不是住這一棟，要去另外一棟。」當時的我有點哭笑不得，身旁的老師們都笑岔了氣，幫我跟連老師澄清說，我已經不是博士生了。還記得那時的連老師縮縮脖子，眼睛瞪得老大，連忙跟我說不好意思。這，是我第一次見到連清吉老師。

　　再次見到連老師，則是在 2012 年的真理大學。那年，我也不知哪來的膽量和勇氣，就這麼接下了主辦第三屆東亞漢學學會國際學術研討會的重責大任。連老師一樣一身深藍色的帥氣唐裝，挺拔的身影不時穿梭在會議間瞻前顧後，頻頻地對我說謝謝！其實，我真的也沒有做什麼，相較於連老師他們這些老師們戮力籌辦學會的勞苦功高，以及提攜後進的疼愛之心，我所做

的，真的是微乎其微的。

　　就這樣因為參加年會，每一年都能見到連老師，因此格外珍惜這「一期一會」的論學與關懷。這些年來印象最深刻的，是2018的北海道年會，我們碰到了規模高達6.7的強震，在停水、停電、交通停駛的北海道，不知道會議是否能如期進行的變數，第一次見到愁容滿面的連老師。不過，連老師終究帶著我們在排除各種困難後，雖克難但也順利的發表與交流。那一次我深刻的感受到，連老師在東亞漢學學會裡，正是以一種精神與身教引領著我們；因此只要見著他，總讓我們覺得無比的安心和有安全感。

　　我曾對連老師說，我是吸吮學會奶水長大的。謝謝連老師和幾位老師創辦了東亞漢學學會，在提攜後進的學會宗旨下，讓身為後輩的我們能在學會的羽翼下成長茁壯。現在，連老師要退休了，除了再次謝謝連老師，更要祝福連老師依然日日精神爽朗，退休快樂！

走在他走過的路上

謝旻琪

　　連先生是我的表親。從小，我每年都會隨著外婆回她的娘家。走在苗栗小鎮的街道，經過市場旁，從古老的媽祖廟前穿過去，大概不到 10 分鐘就到了。這也就是連先生的老家，我從這裡，耳聞有個舅舅去了日本的事。後來大學念了淡江，再聽說這位舅舅當年也讀淡江中文系；等進了東吳大學念碩士，周彥文老師在東吳開了一門課，請連先生來演講，我與連先生才終於第一次見了面。

　　當然在這種場景碰面，是很奇怪的事，他早早去了日本，完全不知道有我這樣一個表親；在那課堂上，聽著一位未曾謀面的人，操著與我母親的家族完全一樣的口音，講述日本儒學的發展，感覺既親近又疏離。此後，我們開始有了聯繫。我不像其他師友，在淡江就讀的時代就認識他、受他指導，不如他們與連先生的熟悉；但是卻也因為這層關係，他額外給我不少學術上的鼓勵。

　　取得碩士學位之後，我考取淡江的博士班。回到母校就讀，

連先生很是高興。那陣子他正好返臺，跟我聊了許多。他告訴我，淡江好，你看看淡江的師資，未來我們就是思想的重鎮。他深切愛著淡江，這個給予他學術啟蒙的地方，我也是。他常笑稱他是「淡江沙文主義」、「大淡江主義者」。我看著他熱切的眼神，心裡對接下來的路很是期待。

連先生一直積極經營長崎大學與淡江大學的姊妹校關係，親自帶著交換生來臺讀書。他除了自己應邀回來講學之外，也推介重要的日本學者來演講。往來交流頻繁，我們的文化視野被開啟不少。現在想想，當時只要單純的去迎接新事物的來臨就好，聽演講、交朋友、和老師們相聚，愉快地汲取養分，完全不用思考這些交流後面勞心的細節，實在是過份幸福了。

過了幾年，拿到博士學位，我沮喪了一段時間。攻讀博士的過程，阻礙很多，挫折也很多。拿到學位並不開心，既失落於我的表現不如預期，又對未來感到無比茫然。我記得那時候與連先生通信，他恭喜我，然後告訴我，他完全懂我的心情，只是他很幸運地得到師長的提攜。他說：「取得學位，是立足於任教大專的起跑點。今後的研究生涯可能很辛苦，但是沒有學位，就沒有參加競賽的資格。」「恭喜」對於當時的我，並沒有太大意義，但是被理解，卻是種救贖，原來這樣的沮喪既非單一事件，而且是可以被接納的。至於連先生所說的辛苦，竟然也是精準的預測。這辛苦不是只有我，整個世代都是；大家都在畢業後，拚了命的參與競賽，我總算是搭上了少子化的末班車，在淡江獲得專

任教職。獲得老師們的提攜和鼓勵，我的好運大概不下於連先生當年吧。

　　拿到博士學位後，在四處流浪兼課的生涯裡，最值得一提的，是我參與了東亞漢學研究學會。在 2010 年代，連先生擔任學會會長，周彥文老師是副會長。每年在臺灣、大陸、香港、澳門、日本等地舉辦學術會議，將論文印製成期刊《東亞漢學研究》。在彥文老師的諄諄告誡下，我在求職的茫然中，維持一年發表一次論文、參與一次會議，與師友們出去旅遊散心也是好的。在那些年間，我只是一個乖巧的追隨者，但是到年紀更長，得到教職，也真的做了些事情之後，才知道這些事情的背後，有多麼宏大的氣魄。他們真正看到時代的壓力，盡全力搭建一個給年輕學者的舞台，我也確實受益了——我們有機會發表論文，與各地學者交流，到異地去看看，每年都可以有一場還在舒適圈內的壯遊。

　　四年前，淡江中文系六十周年系慶，系上黃文倩老師規劃了一系列「六十有夢」活動，連先生讚賞有加。他告訴我，鼓勵創作，或許是淡江的新方向。他說，年輕女教師合作，應能開創中文系第三個黃金時代。四年前，他說了這樣的話，四年後，我不得不佩服連先生的真知灼見。我們在此中未必刻意，但是創作是淡江中文系其中一條欣欣向榮的路，就連我自己的規劃，都與連先生的預期相合。

　　連先生在日本耕耘多年，但是總不忘與淡江的聯結。我有幸

讀了他讀過的學系，既為親戚，又有類師生，既偶然也非偶然。我得到許多啟發，也真正受益。我常在想，我接收的這些資源、這些善意，我能否有連先生的洞見與氣魄？我能否再更多的、更努力的提攜學生？我能否再為淡江更盡力，在開創新局之際盡份心力？如今連先生要退休了，而我正走在他走過的路上。未來雖然未知，但前行的路將會堅定而踏實。

關於連老師的二三事

陳昇輝

　　現在回想起來，初識連老師應該是在碩二的那年的某天，那時候高柏園老師很熱衷把自己指導的學生往外推，就在這樣的機緣下，懿純和我簽了連老師作為碩士論文的雙指導。說是指導老師，但是那時候最方便的聯絡方式，是電子郵件，不如現在的通訊軟體便利，再加上自己的疏忽，因此有很長的一段時間，對連老師的印象其實是模糊的。比較明確的是，連老師那時候常常帶著長崎大學的學生到淡江交換，因為老師的緣故，也認識了不少日本朋友。雖然那些人已經消失在記憶中，不過這些事倒是明確的留在回憶裡。

　　老師在日本多年，也和我們印象中對日本人多禮的形象有所重疊，記得以前每次見到老師時，老師總是會送我們一些很精緻的日本小物，比如杯墊之類的，這些東西現今還在我的書桌上，持續被使用著。然後隨著時間過去，中間有幾年的時間，收到的都是老師的著作，老師的書在學生書局的出版品中，自成一個系列，那幾年現在回想起來，應該是老師厚積而薄發的時期，著作

一本接著一本。這些著作中展現了老師對於日本漢學的深刻理解和治學的嚴謹。記得老師曾經說過，他在他的老師身上學到了一個習慣，就是將自己的作息固定下來，每天一定有固定的時間閱讀、研究，這樣子日久累積下來，自然會有屬於自己的東西出現。對於中日漢學的研究，老師不僅僅是停留學問的鑽研，更是身體力行，在台日之間的互動上，不管是在大學生的交換或是學術的交流，老師都做出了許多的努力。在「環中國海」或說「東亞漢學」的這個大架構下，我們許多學生也有幸的能參與其中，見識到不一樣的學術風景，這真的是異常難得的機緣。

關於學術會議，值得說的很多，但其實又不太要緊，因為對於老師，有一件事是影響我深遠，更是值得我深深感謝的。那是在紹聖和懿純的女兒出生後的不久，老師恰巧返台，我開車載著老師一同到他們家探望新生兒與新手爸媽，在閒談之中，老師指著鉉鉉對我說：乾女兒！我就這麼多了個傲嬌的乾女兒。後來，另一位普姓損友在他的妻子懷孕時，也對我說：一起收吧！兩位可愛的乾女兒成為我與這兩個家庭另類的情感聯繫。這個孽緣在可見的將來，大概會一直持續下去。多虧老師，讓我「至今君未婚，兒女已成行」（小周老師語）。

在認識老師多年後，感覺日本的多禮、嚴謹和台灣的親切在老師身上融合得無間，就是你明明知道老師在治學與行事的態度上是日本式的，但卻因為台灣式的親切，而讓人不會產生過多的距離感，這種自然的切換或許也正是連老師的魅力之所在。

遙賀清吉師榮退

普義南

雲鶴卓如望海陬，
持身絜矩樹風猶。
彬彬江戶原流辨，
疊疊螺旋沉史鉤。
卅載儒文啟東亞，
一生學問砥中流。
舞雩歸詠春光好，
依舊虎岡宜勝遊。

在水一方

黃文倩

　　《月掛汐越松：連清吉教授榮退紀念文集》（2021）因緣際會由我承擔責任編輯。我既非連先生的學生，忝列師友恐怕都屬僭越，接手這份工作誠惶誠恐，但仍願勉力共好，一方面是對連先生所創辦的「東亞漢學研究學會」及長年來的台日中的學術交流事業表達敬意，二方面是支持與分擔主編周彥文先生（「東亞漢學研究學會」台灣分會前會長、淡江大學田野調查研究室前主持人）的公共情懷與技術工作。

　　當然，多年來，我個人在「東亞漢學研究學會」的學習歷程亦不能算短。2013 年在廈門、2014 年在北京、2015 年在澳門、2016 年在淡江、2017 年在長崎、2018 年在北海道、2019 年在名古屋，2020 年在台師大（線上），我都曾追隨此團隊的師友一起學習與壯遊，2015 年還曾被提攜糊塗地得了一個「青年學者獎」，2016 年與台灣淡江合辦的「第七屆東亞漢學暨第十六屆社會與文化國際學術研討會」亦由筆者幕後統籌與落實。而讀了此文集中的胡衍南教授的文章，才終於明白更早些年前，我們曾參

與的「環中國海研究學會」實為「東亞漢學研究學會」的前身，原來十多年來，我們是這樣一路被期望、要求與成長的。

不過，參與多年的會議與壯遊，並不代表跟連先生就能熟稔，無論就客觀事實或主觀感受，在我心目中，連先生始終都是個學問豐厚且性格神秘的君子，暨有儒者的投身天下，又會通老莊的逍遙自在，重視史料格局與實證研究，又偏好一切細膩與美好的生活日常。先生以專攻京都中國學廣為亞洲人文圈所知，尤重視內藤湖南的中國思想史與文化研究，許多重要的論述，包括梳理內藤湖南對中國史學的通變史觀、重考證「加上說」的歷史演化論、以貴族為主體的中國中世文化論、以宋代為中國的近世論、以螺旋循環史觀來解釋亞洲地區的文化互涉與發展的交流論，甚至還關注到內藤湖南對《支那繪畫史》的講述，認為他一方面體現了對中國文人遊於藝的生命、才性、才情的尊重與理解，二方面更作為擴充與反省日本明治以後的美術才能的資源，用連先生《日本近代的文化史學家：內藤湖南》中的觀點，更精確地來說就是：「以中國繪畫及其歷史流變意義的理解，培養藝術的鑑識能力，重振日本美術的水準」。

我對日本京都中國學談不上任何到位的理解，雖然偶也拜讀先生著作跟進學習，對先生更深刻的印象，好像還是來自於他穿梭在各式國際會議交流間的細節講究，似乎每一個環節都有著他對人文歷史與文雅風度的堅持。2017 年在長崎大學開完會後，先生引領我們一行人前往創建於 1624 年的長崎興福寺用膳，興

福寺早年由華僑／唐人／中國人所捐建，院內膳食緣起於出家修行人的親手料理，食材多樣、口味清淡且富有層次，住持亦親自陪伴，如友人般地介紹每道菜的典故與特色，那是我多年來參與過最寧靜的一次學術晚宴，沒有後現代式的喧鬧狂歡、沒有文人式的放歌縱酒，只需要凝視著菜單和他者的用心，把一道道菜環保且品味地慢慢吃完，不用應酬不用說話也不必擔心說錯話，令我甚至懷疑這根本是一堂會後修養課。隔日短旅程，連先生亦推薦且安排我們參訪參訪佐賀縣的「有田燒」，觀看數家上層窯場（今右衛門窯、柿石衛門窯、源右衛門窯等），說是「上層」，不只是經濟意義上的，更指涉的是它們對該藝術典律、文化與歷史價值的因襲與堅持，所以均用「世代」（如第十四代、第十五代等）自稱。前輩在導覽時表示，並非每個世代的繼承人，都能在一生中，繼承、轉化與推進這種家傳的藝術，如果遇到不行的一代，他們仍需給予扶持，以等待、守候或累積下下一新世代的高峰可能。這種藝術的歷史觀並非僅只／止於當下或現在，而是將主體視為人類歷史長河或該藝術譜系中的一環，因此能相對保存與堅持古典的精華，低調、保守、含蓄、溫潤、精工之美自不待言。「有田燒」因此並不以觀光與普羅為主要對象與目的，它們活在半祕密的菁英與藝術世界裡。是以大師們的孤獨是應該的，無言無聲也是需要承受的，但若是才能只夠作歷史中間物，前輩們仍願擱淺以候來者，這恐怕已不只是美學的意義了。

身為一位中國歷史與文化的古典研究者，連先生無疑地尊重知識與文明的菁英風華，實事求是認同貴族們對人類文化的重要貢獻，但在與師友、學生相酬唱往來，連先生又是極為平等、自由且親切的，多年來我們在「東亞漢學研究學會」見識到的，正是四海之內皆兄弟、因緣際會皆友朋的善意與胸襟，而作為一位跟連先生實然上沒有什麼淵源的晚輩，連先生長年來對我也只有不斷地鼓勵與支持。身為「大淡江主義」的提倡與實踐者，連先生對一切淡江淵源的人事物都特別偏愛，對待我等女性知識份子的寬待與包容恐怕更是不下男性。2018 年 10 月 22 日，在回覆給我的電子郵件中，他這樣談及並期許淡江中文系六十週年系慶「六十有夢」的意義：

　　「六十有夢」凝聚了淡江和中文系「自由開放」的傳統，「當自己」的自信在同學們的言行中更是淋漓盡致的展現。不但對六十年的傳承做了完美的表述，更可貴的是給當代社會提出清楚的指向：汲取古典的美善，養成自身優游自在的心靈，開創代表新時代的文藝活動，是二十一世紀在淡江所孕育「屬於當代青年的文藝復興」。……

　　不禁也想起更早些時日，我們抵達北海道開會（2018 年 9 月），凌晨三點遭逢六級強震，第一次親眼見到所有城市的燈光瞬間熄滅。日本人迅速恢復日常秩序的韌性和能力令人印象深

刻，但我至今仍不曾詢問過連先生——在那次會議中，他究竟是如何處理後續的一切歧出的狀況？包括大陸學者被困而無法到會、會場及餐廳的各式異動（甚至幾乎所有店家都關門沒什麼東西可吃……），他默默地為我們善後的工作，恐怕遠遠多於當年已接任幕僚的我等的責任。而我竟然在降落至北海道不久，就收到連先生的夫人精心選擇、烏孫太郎先生親手打包的長崎風箏——在日本的諸先生們擔心從長崎到北海道的飛機托運會壓壞它，索性由先生們輪流手提，它一路行經長崎、北海道，搭上飛機、轉乘 JR 亦坐進公車，牽過它的大人們加起來大概超過二百歲吧。而我早已忘了為什麼想要一個長崎風箏？收到風箏的那一刻我又在想什麼？……萬一試放飛不起來就搞笑了……！

　　人在長崎的時候，連先生曾指著它明亮通透的海港，對我說他一生從淡江到長崎都活在水邊了，我沒有回應他，那時我頓時想起了沈從文散文的句子：「海邊既那麼寂寞，它培養了我的孤獨心情。海放大了我的感情與希望，且放大了我的人格。」連先生在原爆點的長崎，不懈地推動著台日中的學術交流，先生疼惜著長崎人民在二戰後半個世紀以來，因為幅射亦受到其它日本人恐懼與排擠的命運，他大概也總想用一種自己的方式自由行道吧！生活在他鄉，永恆地懷想與履行著對日本、台灣與大陸新生代的責任，這樣的人物竟然也有退休的一天嗎？接觸過他的人總是會想跟進他、走向他吧。如果說，每個人的生命都有屬於自己的關鍵機緣與隱喻，連先生或許一生正是在水一方的伊人，惟有

伊人，吸引我們蹣跚的步履再往前靠近一點；惟有伊人，即使溯迴從之，即使道阻且長。

學生

學恩

吳鵬

一、改變人生軌跡的「初識」

2006 年 10 月,我正因為大學院入學考試而每日焦躁不安。由於一直打算在九州範圍內修讀思想、文化領域的研究生,所以長期以來都在關注九州大學中國哲學和東洋史學研究室的招生情況。而就當時的專業水準、個人學力而言,出身日語專業的我,不僅入學考試毫無把握,即使僥倖合格,能否能夠順利取得學位也未可知。2006 年 11 月,幸得胡振剛老師太太趙老師的介紹,我第一次踏入長崎大學環境科學部的大門,初識連老師。這次初識,徹底改變了我的留學生活,甚至重新規劃了我的人生軌跡。

踏入「連研究室」那一刻的情景,至今依然歷歷在目。和很多教授的研究室佈局有所不同,「連研究室」的大門打開後並不能看到教授的書案與坐席,橫在眼前的是一排高高的鐵質書架,繞過書架,才能見到端坐書案邊的連老師——清瘦的面龐、滿頭的白髮。經趙老師簡單介紹之後,我呈上自己的本科畢業論文。

連老師接過論文後足足埋頭讀了十幾分鐘，期間緊鎖眉頭，一言未發，令我不禁心生忐忑。讀過論文後，連老師慢慢地摘下眼鏡，笑著說：「你要想一直做『中華思想』，那很抱歉，我無法指導。不過，你還有些基礎，所以建議你研究日本漢學、京都中國學。」看到我一臉懵懂，連老師繼而交給我兩本書——《日本江戶時代的考證學家及其學問》（老師自著）《中國思想史》（武內義雄著），讓我讀過這兩部書之後，在決定是否報考。最後還強調：「你要是從事這個專業的研究，最好修讀完博士課程，否則意義不大。而取得博士學位後，就職範圍相對狹小，大體只能限定於大學或科研機構。所以，你自己想好。」短短的幾句話，讓我感受到眼前這位教授是一位對年輕人職業生涯非常負責任的老師，表情雖然嚴肅，內心卻總是站在學生的立場上考慮問題。

二、開啟漢學研究的門徑

2007 年 1 月末，收到長崎大學大學院入學許可通知書，當天就接到連老師的電話：「來我研究室。」我匆匆忙忙地趕到後，老師交給我一本《支那學研究法》，並叮囑道：「院生沒有假期，開學前你多下功夫，補足基礎。」「院生沒有假期」。這大概是「連ゼミ」同門聽到老師說過最多的一句話。

翻開《支那學研究法》，我才意識到「院生沒有假期」的原因。我出身日語專業，對於中國古典文獻學知之甚少，面對書中一行行佶屈聱牙的繁體文字和日語訓讀文，感覺自己根本讀不下

去，何談「研究」二字。好在連老師會時不時叫我去研究室，詢問讀書的狀況，講解書中的重要概念，演示文獻學操作的方法。用最直觀的方法幫助我理解何為「校讎」，如何檢討「目錄」，「整理」和「原典批判」的關係……。短短的假期之內，我終於初步掌握了文獻學的基礎知識。

碩士一年級入學後，每週五下午會有「ゼミ」，同屬「連ゼミ」的學生需要發表各自一周讀書、研究的心得。而我碩士一年級前半年在「ゼミ」上的發表內容大都與《支那學研究法》有關。在連老師的指導之下，我逐漸夯實了古典文獻學的基礎，並開始接觸以武內義雄為代表的日本近代漢學家的各類論著，最終確定碩士論文的主題，且提前規劃好博士階段的研究方向。

所以，對我而言，當年連老師推薦的這部《支那學研究法》不僅僅是一部入門級教材，還是開啟我漢學研究門徑的寶典。在連老師的悉心指導之下精讀此書，終於能夠淺悟日本漢學的法門。這也是我回國就職後隨即著手漢譯此書的動機之一。漢譯本（更名《中國學研究法》）完成之後，連老師又擔當校閱，認真審閱，精當核正，指正出不少譯文中的疏漏和錯譯，且撰寫〈校閱序〉，彰顯譯本的理論價值與實踐意義，為我學術生涯中第一部關於日本漢學古典文獻主義治學方法的譯著增色頗多。

三、培養貫通學究生涯的「問題意識」

博士研究生階段之初，連老師在第一次「ゼミ」上就和我們

談起了「博士的學究生涯」，告訴我們取得博士學位意味著終身從事學術研究工作，而要想不斷的發現可以研究、值得研究的課題，必須樹立一種「問題意識」，即在文獻解讀和論文撰寫過程中時刻保持「反省」「批判」「綜合」「折中」「展開」的治學態度，從而能夠基於對傳統學術的反省和批判，綜合折中諸家之言，進而完成自家的展開。連老師嘗謂：「這不僅是一種問題意識，也是為學的方法和態度，且學術史研究的意義亦在於此。」率直地說，當時長崎大學環境科學部的部分教授持一種極端的論調：「說出前輩學人未曾說出的觀點，這才是學術的進步。（人言言、術進。）」而連老師關於「問題意識」與「學術史研究意義」的主張堅決地回擊了這種論調，也讓當時在環境學部從事學術史研究的學子能夠坦然面對各種無端的質疑。

我正是在這種「問題意識」的主導之下撰寫博士論文。碩士論文主要以武內義雄的中國思想史學為中心展開，而在撰寫過程中，連老師時常會提點我關注《論語之研究》《老子和莊子》等武內義雄其他的著作，啟迪我發現武內義雄治漢學的特質在於思想史學的視角和方法，進而窺得日本漢學特色的一端。博士階段，連老師又相繼推薦精讀狩野直喜、吉川幸次郎、貝塚茂樹、宮崎市定等京都中國學派學人的著作，引導我發覺日本漢學界在治學方法和態度方面的共通之處與相違之所。在不同問題意識的主導之下，漸次確定博士論文的研究思路和主幹內容。

時至今日，我的日常教學科研生活依然離不開連老師培養出

的「問題意識」。拙稿〈內藤湖南螺旋循環史觀評析〉旨在批判、反駁、回擊部分大陸學者稱內藤湖南為「軍國主義衛道士」的言論；〈竹添光鴻《論語會箋》研究〉增補拙著《日本近代論語學史論》中從江戶儒學至京都中國學派草創期在學術脈絡上的間斷。最近開始整理日本「易學」的展開脈絡，尋找可以研究的「問題點」。這一切都是在老師培養的「問題意識」之下才能夠逐步推進，漸次完成。沒有老師的「學恩」，我便無法開啟、繼續我的學術生涯。同時，在教學工作中，我也將「問題意識」傳授給日語系的研究生，在研究生專業課「日本文化史論」中，重點強調學術研究中樹立「問題意識」的重要性，培養青年學子「批判主義的學問觀」，盡己所能傳承連老師的學問方法，並引用老師的話教導學生：「論文，怎麼寫？寫什麼？我可以指導。寫，是你自己的事情。」希望自己的學生也能領悟出這句話的含義。

留學期間，連老師曾經和我講過很多次：「吳鵬，你屬於中國，你要回去。」回國九年，我漸漸體悟到老師的用心。

四、「負責到底」的老師

留學期間，經常聽連老師笑著地說：「碩士生，我負責指導取得學位；博士生，我要負責到底，不僅要取得學位，還要找到工作。」長久以來，我都認為這是個玩笑而已，直到 2012 年初，即將取得博士學位的時候。

2012 年 2 月，距離博士課程畢業還有一個月有餘，連老師

帶我回到了天津，輾轉奔走於南開大學、南開日本研究院、天津師範大學外國語學院、天津師範大學津沽學院之間，目的在於為我找到一個合適的職位。最終，我正式就職于天津師範大學外國語學院日語系。時任天津師範大學外國語學院院長顧剛教授曾經對我說：「第一次遇到導師帶著找工作的博士生，還是從國外一起回來。吳鵬你好福氣啊！」入職之初去人事部門報道，人事主管說：「你就是那個導師帶著找工作的孩子吧……。」

時至今日，這些事講起來依然歷歷在目，連老師作為一名教師的魅力不僅在於學究方面的指導，更體現於對每一位學生職業生涯的關懷與照顧。

最後，於連清吉老師定年退官之際，向恩師和師母奉上最衷心的祝福。吾輩將不忘學恩，努力精進，傳承師門學風，福澤後學。

躬體力行

沈日中

　　提筆之際首先恭賀我的導師、日本國立長崎大學多文化社會學部連清吉教授榮退。作為連老師的弟子，我或許並不是老師眼中的優秀弟子，未必是老師的「入室弟子」，但我仍要向連老師道聲：「老師，您辛苦了！」

　　古時有言：「一日為師，終身為父」，在我眼裡，連老師就是對弟子要求嚴格而又極其寵愛的師父。當然，尤為讓我可望而不可及的是老師系統而淵博的學問。在老師的言傳身教下，老師指導的博士生中，獲得國家社科基金立項者1人，獲得教育部人文社科青年項目立項者3人，獲得其他各級各類科研項目者大有人在，正所謂「嚴師出高徒」，在此我本人也特別感激連老師的指導，是老師引導我走上了學術大道，走進了日本漢文學研究的康莊大道，完成了28萬日文字元的博士學位論文，並於2017年7月獲得教育部人文社科青年項目的立項，獲得2017年度國家優秀留學生獎學金，以及學成歸國後獲得的橫向課題立項等，所有這些成績都離不開恩師的指導，若無老師在我們這些弟子身上

傾注心血，我們都不可能獲得這些成績。

　　老師對弟子行為的約束是非常嚴格的，因為老師對自己要求更嚴格。印象最深的是 2016 年 2 月去京都女子大學開學術會議，約定早上 7 點半在長崎浦上車站會面，我提前 10 分鐘左右到達的時候，老師已經先我而到達了浦上車站，可見老師是以身作則，躬體力行地教育他的弟子們。此事對我觸動很大，從此以後便以老師為榜樣努力做到守時守信。然而老師對弟子又是非常寵愛的。在我回國前，老師把他收藏很久的日本文學贈送給我，大大豐富了我的日本文學資料，後來才知這是老師為女兒攻讀文學專業而準備的。

　　連老師於我而言不僅是「傳道授業解惑」的恩師，更是我求學路上的路標，是我在學術路上不斷努力耕耘的榜樣與目標。祝願老師健康長壽！更期待疫情解除後與老師敘舊、向老師請教。

唯有師恩無窮期

季小暄

　　一晃畢業已七年，提起連老師，總會想起他盤腿坐在椅子上，瞇起眼睛笑呵呵的樣子，隨和中帶著可愛可親。歲月似是待他親厚，雖已有花髮，但看不到滄桑感，侃侃而談中清晰的思路活潑的語氣讓人感覺到朝氣，又不缺學者該有的睿智與冷靜。

　　留學歸來，我經常在飯桌上被問：國內和日本的學術界有什麼不一樣的地方，連老師的教學給我留下了深刻印象：1、更加嚴謹求實。論文中的每一句話、每一個詞都要有理有據有考證，所以我們的論文中，常常會看到密密麻麻的注釋講解，每次遇到有參考沒標出的情況都會被老師駁的啞口無言；2、態度更為端正。每天步行上下班，一身唐裝一副眼鏡一室書墨濃濃的研究室，已然是他的小天地，每日鑽營其中專心學術心無旁鶩。當然，我最愛分享的肯定是連老師初來日本時，刻苦學習天天泡麵，吃了好多箱以至於髮頂不保的趣事。

　　「師者，傳道授業解惑也」。學問是看不見摸不著的，做學問也是虛無的。附庸的人多了、狡猾的人多了、「不笑不足以為道」

的人和事多了，它就被表面化了。無數的人都在授之以漁，你可以覺得這個事還不是，那個理還不明，但所有人都這麼說都這麼做了，於是也就隨波逐流失去了自己的信念和想法，就此失去對學問為何這樣做這回事的思考。初寫碩士論文，便驚於連老師的嚴苛，論文中的每一句話、每一個詞都要有理有據有考證，是這個事，明這個理，為什麼在此處引用，引用的目的又是什麼，必須要講出個所以然。這既是對前任研究學者的尊重，也是對自己的嚴格要求，如果在前者的基礎上，能提出自己的進一步思考或者對他們提出反駁，連老師會特別高興，「授之以漁」，就是老師教會我們踩在巨人的肩膀上進一步思考思辨的過程，恩師這個有根有據踏實做學問的思維在我後面的執業中有很大的幫助。

老師做學問，細緻而端正，如茶者做茶品茶。茶有其茶性、火有其火性、水有其水性，各有物性，被研究的學者與文化亦是。基於反復的閱讀，深刻的理解，而以最小的誤差最通順的語句將其連綴，漫長艱苦的琢磨思索才辛苦得來了悟。老師的文章厚積薄發，足夠「以無厚入有間」，遊刃有餘，所以妙筆生輝處有「沒有多餘」、「恰到好處」的賞心悅目，也有「心無旁騖」、「靜水流深」的氣場。茶與水相容，借鑒與體悟各居其位而活潤貫通，此種和諧不僅成就了茶者的表演，落入筆尖更是一位風骨學者對文化的深刻感悟。

畢業後一直未曾與恩師相見，每日忙碌奔波於自己的事業和生活，去年初為人母的人生大事之際，恩師亦曾諄諄教誨、叮囑

百般。天長地久有時盡，唯有師恩無窮期，或許，我們將來能夠堅持自己喜歡的事情並有所成就，就是對恩師最大的回報。在老師定年退休之際，祝老師和師母今後的生活仍舊春風不減，更加繽紛多彩。

學而不厭、誨人不倦

馬叢慧

　　有幸成為連清吉老師的學生是在 2012 年，那時經葉言材老師的推薦，跟隨連老師開啟了長崎大學博士後期課程。離開學校學習已超過五年的我，對於重新回到學術研究中，已然是沒有信心的。忐忑不安地撥通了連老師的電話，做了簡單的自我介紹，闡述了對研究內容的構想。幸運的是，連老師肯定了我的構想，並在電話中當即給出明確的專業指導建議。我的博士研究內容算是比較生僻，震驚於老師的博學，這是連老師給我留下的第一印象。

　　進入長崎大學後，連老師顧及到我家離學校太遠且孩子還小，除了必修課程，讓我每兩個星期到學校做一次匯報。每次去學校總是集中佔用連老師幾個小時的時間，有時甚至是整個下午。現在每每回想起來，不由得生出感激之情。每次見到連老師，他的教導我都會盡量做筆記。細心的連老師提醒我，不只是要把老師的話記下來，平時自己的思路都要記錄。還分享了他的心得「我平時都隨身攜帶一個本子，隨時把思考的內容記錄下來，即便走在路上，也會在路邊停下來隨時筆記。」「學必求其

心得」老師的學風素養也影響著我，從那以後我也準備了一個本子，用來隨時記錄自己的想法。

我本科出身日文系，中國哲學功底欠佳，對選擇「賣茶翁的莊子受容」為研究課題時，我的心裡是惴惴不安的。連老師從來沒有嫌棄自己的學生，一直鼓勵我搞研究的底子是有的，要對自己有信心，同時為我介紹了大量的書籍、文獻，甚或是論文，耐心聽我的讀後心得，給予點評指導。連老師欣賞學生的優點，引導每個學生發揮自己的長處，也正是因為有了連老師的悉心指導，才有了我日後的博士論文。

有時恰逢週末去長崎，連老師還會讓我帶上家人一起到他家裡吃飯，品嚐師母為我們準備的豐盛晚餐。老師與師母相處自然、舒服，相敬如賓，是我最嚮往家的樣子。有時我也會把工作和家庭瑣事跟連老師叨嘮，詢問老師的意見。連老師也會不厭其煩的開導我，每每看著老師微笑著對我說「你就是心思過於細膩，不要想太多，知道了嗎？」內心就會平靜下來。回想起跟著連老師學習的日子，還是那麼清晰可見。

今年三月博士論文付梓──『茶翁逍遊』出版之際，連老師告訴我「出版博士論文的意義，就現實的作用來說，在日本，應徵高校教員時，是必備條件之一。就學者的立場來說，是在相關領域，有一席之地。就像參加競賽，是選手了」。日後當以老師的話以自勉。

青蔥年華，轉瞬暮年。在很多人看來，做學者可能猶如苦行

僧一般，日復一日周而復始地做研究非常辛苦。而像連老師這樣真正聽從內心召喚，歷久彌堅的學者，研究學問定有一番他人體會不到的其樂無窮。

多年來連老師幾乎把全部時間和精力都奉獻給了鑽研學問和教書育人，祝願老師在今後退休的日子裡，生活更加豐富多彩，安康永駐！

與連老師結緣

梁濤

　　我與連老師結緣於 2006 年，我剛考入長崎大學環境學部，連老師作為留學生指導教官成為了我們留學生最親近的師長，為我們提供各種極需的學習和生活資訊。而影響我最深刻的當屬在部 1 年的「異文化交流」課程中，連老師悉心地講解「長崎近代的文藝復興」，通過老師的講解使我了解了長崎在閉關鎖國特殊的歷史條件下形成的獨特的風土人情，長崎料理到文化都存在和洋中的折衷，一座城市堪稱文化的卓袾。在整個授課過程中，連老師娓娓道來，各種史料信手拈來，我被老師的學識深深折服。於是在三年級時不假思索地選擇加入連老師的教研室實習，在溫暖和諧的大家庭裡度過了學部生時光。在實習過程中，連老師在學業上嚴格要求，始終保持著一種不怒自威的形象；但是同時他和師母又在生活上為我們這些身處異國他鄉的留學生送上了親人般的關懷。這份無微不至的關懷一直延續到今天，不僅對我，也對我整個家庭，連老師和師母在我們全家的心目中不僅僅是師長更是親人。我和我的家人將永遠珍視

這份彌足珍貴的情感！值此之際，謹向連老師和師母獻上我們
誠摯的謝意和美好的祝福！

故事開始的地方

陳卓然

天津

2012 年的日本春假，按照慣例，我從長崎經福岡返回家鄉天津。期間，在母親的聯繫下，見到了陪吳鵬學長來面試天津師範大學教師崗位的連先生。於天塔正對面的賓館大堂，連先生問道：「你更喜歡《三國演義》還是《水滸傳》呢？」這便是故事開始的地方。

長崎大學中國學研究室

3 月回到日本，我便驅車前往長崎大學，在吳鵬學長的引領下，這次來到了連先生的研究室。室內尤為乾淨、整齊，亦如先生給人的第一印象。猶記當時先生對我說：「今後要經常到研究室來，這裡的書你都可以看，每週上課都要報告你學到了什麼」。

之後沒幾日，我便移居至長崎，為了備考碩士班，每日往返

於石神町的家與長崎大學環境科學部四樓的中國學研究室。這看似簡單的一件事，對於尚不能長久地專注於做一事的我來說，是一個不小的挑戰。連先生除了授課的時間以外，每天也都會到研究室來，詢問我們一天的梗概。我想，起初必定是由於對先生懷揣的敬畏之心，又迫於每週發表至肚子打鼓的緊迫感，才使我得以慢慢靜下那顆早已浮躁了六年有餘的心，真正地坐在研究室，開始每天的閱讀。由於連先生的接納和嚴格要求、循循善誘，我才得以重生。恰如母親所說：「我做的最正確的一個決定就是讓你跟著連先生。感謝連先生，沒有先生也就沒有現在的你」。

極簡的生活

算上考入碩士班前準備的那一年，我一共在連先生身邊學習了六年。先生不但是我入門《三國演義》中日比較研究的業師，更是我得以在中國高校立足行事的親師。六載歲月，在先生身邊近距離的感受他的治學之道，觀察他在生活中的點滴，讓我的脾性在不知不覺間也發生了轉變。

連先生有很多習慣：每天早上 8 點前會準時到研究室打掃衛生，然後開始一天的工作，五點左右步行回家。先生讀書依舊是手寫筆記，A4 紙大小的筆記本橫過來使用，下方摘抄原句，上方進行標註，往往一本書讀下來，已搭配了七八冊的讀書筆記。沒有特殊情況，先生一般每週六天都會在研究室，他本人並沒有手機，我們也都被告知：「打研究室電話如果沒人接，那就二十

分鐘後打家裡的電話，我一定在。」就是這般，連先生的生活非常簡單，應該說先生是特意將自己的生活簡單化，以此來專注於應該做的事情。

連先生在《杜甫千年之後的異國知己：吉川幸次郎》一書的後記中記錄了町田先生說過的一段話：「學者的生涯既無波瀾洶湧，也未必璀璨輝煌，不過是平凡日子的累積而已」。讀到這裡，我才知曉何為傳承，連先生經常將町田先生的教誨掛於嘴邊，我亦曾有幸陪先生同赴町田先生位於福岡的家，聆聽教誨。我想，那句：「沒有老師您就沒有現在的我」用在我的身上最為合適不過。

平野町的家

連先生的家坐落於長崎市平野町，距離長崎大學醫學部校區非常近，環境清幽。博士班的論文指導一般在每週五進行，每逢臨近節日，授課後先生便會將我們帶到家中一聚。師母不僅廚藝精湛，在食材的選取、菜餚的擺盤、裝成的器皿上都頗為講究，對我們更是疼愛有加。在先生家的餐桌上你能感受到家的溫暖：「不要客氣，多吃點。……幫我們把菜都吃完」，亦能體會到如父母般的期盼：「我們要為自己的存在找到一個合理的解釋」。

內人為了與我相聚，由神戶大學轉至長崎大學經濟學部，從那之後，研究室的每次聚餐便不曾缺少她的身影。連先生和師母對內人可謂視如己出，「帶著餘浩來我家一起吃飯」的聯絡不斷，

在內人結束碩士班學業準備上京工作前，連先生和師母還特意為她送行，更為她準備了精美的禮物。

而在我確定回天津師範大學的任教之後，內人毅然辭去了東京條件頗為優越的工作。身為南方人的她，再次背井離鄉來到了「荒蠻之地」——天津。我深知她回國後的工作頗為辛苦，每當我與連先生和師母電話聯絡時，還未請她也說兩句，她在一旁便已噙著淚，事後每每問她為何如此，她竟也說不出。內人是比我有闖勁，比我堅強許多的人，在我記憶中，她只有在面對父母和連先生夫婦時才會展露出這般情感。

如今我們已回國生活近三年，無論是在我們感到迷茫無助的時候，還是在我課題立項，內人確定高校工作的時候，我們首先想到與之分享的人一直都是連先生與師母。內人時常將「老師可說了，你要好好對我，否則我就去告狀」掛在嘴邊。雖是玩笑，但在她心中顯然早已將先生和師母當做至親，將平野町的住處視為了在日本的家。

東亞漢學研究學會

2010 年連先生與楊曉安教授及多位師長共同創立了東亞漢學研究學會的前身——長崎中國研究學會。意在為各國家、各地區的學者提供一個可以深入進行學術交流的平臺，也為年輕學者提供一個可以公開發表論文的機會。

升入博士班後，我有幸隨連先生一同前往澳門大學、京都

女子大學、淡江大學參加了三次國際學術研討會，並與研究室的諸位同儕一同籌備了在長崎大學舉行的「東亞漢學與新國學的歷史定位」國際學術研討會。同時，在赴日本國立三重大學任教期間，我也參加了於名古屋學院大學和長崎大學舉辦的兩次學會。期間，不僅結識了一批來自不同地區的志同道合的青年學者，更是得到了與會老師們的鼓勵與支持。〈日中『三志演義』「三」評価について〉一文受到陝西理工大學王建科教授的垂青，於會議後譯為中文，收錄於該校的學報。〈日本近代於《三國演義》之「三絕」的重塑——從吉川英治到北方謙三〉一文承蒙淡江大學周彥文教授的指導，點撥翻譯吉川英治的《三國志》，將裨益中國學界。正因為有連先生毫無保留、極具發展價值的指導，才能讓我更加堅信博士班的畢業僅僅是一個開始，我確實找到了可以為之學習、研究一生的路。

再回長崎

2018 年 3 月，我取得博士學位後歸國，隨即於天津師範大學國際教育交流學院任教，擔任日語專業本科生的教學工作。

再回日本，已是身在三重，我在 2019 年 4 月 2 日作為合作辦學項目的帶隊教師同我校的 21 名日語專業本科生同赴日本國立三重大學。算上這一年的任教經歷，我湊足了在日本的整整十個年頭。工作之餘，我曾兩赴長崎，每當再次踏上多文化社會學部一二樓之間的木製樓梯，心中都充滿了緊張與期待，總會不自

覺的正一正衣冠。研究室的佈局沒有變，連先生臉上的笑容也沒有變，那一刻我才感覺：回家了。

想來，長崎這座城市恰恰因為有連先生和師母的存在，而變得多彩，才被賦予更多的意義，同時，也給了我重返這裡的理由。

致老師與師母（內人執筆）

人海茫茫，您是帆，是岸。能與您和師母相遇，我們感到非常幸運，也無比珍惜。您與師母是我們遇見過的最正直、最善良的人，在人生的路上給予了我們超越老師的父母般的關愛。長大的我也逐漸感到人生的不易，每當遇到困難時，總想起您和師母昔日的愛護教導，仿佛黑夜中的星光，指引我前進，告誡我勿忘人間的真與善、愛與美。

今後的日子中，我們依舊會時時掛念您和師母，回想在您們身邊學習生活的點滴。希望能成為像您們那樣純粹、美好且可敬的人，照亮他人的生命。

遙祝老師榮退，願您和師母健康長壽、闔家幸福，我們期盼著再次與您們的相會。

當路癡遇上嚮導

陳凌弘

　　2015年夏，在師兄沈日中的引薦下，我與來大陸開講的連老師相約於漳州見面。見面前夕，師兄來電，告知臨時有事無法同行，只好請老師獨自從泉州搭乘動車赴約。

　　我忙問：如何聯繫？

　　師兄答：老師沒手機，無法聯繫。但好認得很，白頭白衫兩手空空……。

　　正是僅憑這句話，翌日等候在出站口的我，當一眼看到從走道深處翩然而至的白衣長者時，忐忑不安的情緒瞬間消散——雖素未謀面，卻恰似故人。

　　開車從動車站回到市區的路上，我大致介紹了途經的街道、城市的輪廓。而初次到漳的老師，似乎是在腦海中繪製了即時的空間地圖，無論城中漫步，還是歸程乘車，竟然都能精準地指出該走的方向。我是名副其實的路癡。倘若同一條路從不同方向行走，常會誤認是截然不同的所在。老師的方向感，對於我這個完全依賴行車導航，還需提前一日到動車站實地「踩點」探路的老

漳州來說，簡直佩服。

　　彼時，我正處於研究上的瓶頸，求教無門而踟躕不前，一邊耽溺於小城的溫柔安逸，一邊被內心的危機感所鞭笞，在混沌中本能地伸出手。初次相見的老師，即坦誠而堅定地告訴我前行的路還有無限的可能。於是此後，幾近停擺的學術生涯開始轉舵。

　　2016 年春，我以訪問研究員的身份，再次踏上了睽違六年的島國的土地。剛入老師研究室不過一周，聞所未聞的青木正兒全集〈李白〉篇就擺在了面前。又過了半月，老師突然詢問我是否嘗試日本近世儒學的相關研究。止步於現代日語語法專攻的我，其實對於如李白漢詩研究的文學課題，抑或是儒學等人文思想相關的史哲學問，都可謂一竅不通。因此，一想到要跟這麼多陌生得連名字都無法複述清楚的「老前輩」們打交道，誠惶誠恐。但面對老師時，卻又不知從何而來的勇氣──「好，我試試！」便毫不猶豫地一口應承了下來。

　　此後，宿舍學校兩點一線成為日常。近世的藤原惺窩、林羅山、山崎闇齋、伊藤仁齋、荻生徂徠等儒者，近現代學者內藤湖南、安井小太郎、井上哲次郎、町田三郎……不斷跨越時空出現在我的生活中，也因此著實體會到了老師做學問的心得──「日日新鮮」。訪問研究為期僅有半年，我把每週一次的「連ゼミ」（研究室學術討論發表課），作為學習成果的檢驗場。初出茅廬的素人報告，在老師的包容，和毫不吝惜的鼓勵中堅持了下來，我逐漸有了撥雲見日的自信。三月後的某日，老師問：是否

考慮繼續讀博士班？看似不經意的一句話，在我心裡的震動無異於火星撞地球。當看到老師淡定的表情，「我？可以嗎？」這樣的念頭隨即一閃而過，疑問變成了肯定：好，試試看！

2016 年 10 月，我正式成為「連ゼミ」的一員，暫別俯首 9 年的大學教職，開啟了留學旅程。我是聽著學長姐們在老師研究室裡種種「可歌可泣」（實為後者）的驚悚事跡，戰戰兢兢地進入研究室的。但幸運的是，那樣的遭遇在之後的三年間我並未真正經歷，即便是屈指可數的幾次疾言厲色，在我看來亦是老師對學生「愛之深」的真情流露罷了。

2019 年 9 月，我順利地站在長崎大學的中部禮堂，從校長的手中接過了博士學位證書。回首來時路，老師既帶領我認識了長崎這片土地，也賦予了我在學術上自立前行，另尋方向的可能。短暫的異國生活中，但凡有同行的機會，老師必定不厭其煩地教我識別長崎的街道，甚至會與師母帶著我們這些異鄉人實地遊走，其間不忘做人做事的叮嚀、學術思想的啟迪。在這反反復復、循循善誘之中，既有父母般的溫厚慈愛，還有作為學者的敏銳嗅覺和高屋建瓴。

導者，師也。路癡恰逢嚮導，何其幸哉！恩師榮退，可喜可賀。但言一句：今後還請繼續多多關照。

最後，特別感謝台灣的周彥文教授，讓我能夠藉這難得的機會，靜心細品四載東洋時光。掉髮減重頭痛心悸現已杳無蹤跡，而每週五報告前的緊張失眠抱佛腳、報告後於研究室的開懷歡

聚、師母用心烹製的美味料理、托老師之福與台灣眾師友們的相

遇相識……點點滴滴，都將銘感於心。

如是自在，也就逍遙

賀南

　　雖然今年是我來日本的第十六個年頭了，可是卻是第一次在本州生活。今年三月，離開生活了三年半的沖繩本島，來到了東京以西一百五十多公裡的山梨縣。這裡四面環山，是日本為數不多的不臨海的縣之一*，地圖的形狀與同為盆地的天府之國四川頗為相似。我住的甲府市正處於盆地中心。天氣好的時候，從家中亦可遠眺富士山。除了富士山以外，標高在 3000 米左右的高山也有近十座之多。即便是四五月份的時候還看得見周圍高山頂上的皚皚白雪。不由得想起上連老師的ゼミ（Seminar）時，老師曾問我們「采菊東籬下，悠然見南山」的「見」字，日語應該如何翻譯。

　　我是 2009 年考進「連研究室」的。剛剛在長崎大學的教育學部拿到修士學位，正在猶豫該就職還是進學的我，在當時的指導教官勝俣隆先生的推薦下，來到了環境學部的「連研究室」。盡管我當時的研究方向與連ゼミ不盡相同，連老師還是非常寬容的接納了我。現在想想如果沒有當時連老師寬大的胸懷，和因材施

教的指導，我一定不會讀博士，畢業後也不會選擇在日本當老師的吧。

連老師在授業解惑以外，逢年過節也會叫上大家去家裡聚餐，讓我們品嚐師母親手做的精緻美食。也會偶爾帶我們去唱卡拉OK，放鬆片刻。不過在做學問和為人處事方面，連老師對我們是要比對日本人更嚴格的。因為在日本，第一是不能給中國人丟臉，第二是要想有所作為，就必須比日本人付出更多的努力。連老師對學生的關懷更是讓人感動。記得我寫博士論文的時候，由於收集中國和台灣的資料有些不便，連老師就帶我去福岡，把我介紹給西南學院大學的神話研究大家王孝廉教授。甚至是博士畢業之後，從非常勤講師到現在的專任，背後都離不開連老師的關心和支持。

有一次上午上課的時候，聽連老師說，他每天4，5點鐘就起床做學問，備課，因為早飯吃得太早，所以沒到中午就會餓。當時我聽了覺得當老師好辛苦，可現在我也過上了這種半苦行僧的生活，也體會到了在日本做老師的種種快樂和煩惱。認真把每天的事做好，上好每一節課，真誠地面對每一個學生大概就是對恩師最好的報答。也逐漸領悟到了當時連老師總對我們說的「生活要簡樸」的真意。明年我也終於要開自己的ゼミ（Seminar）指導學生了。

最後憶起幾個月前大學院的小師妹博士畢業，拿到國內某大學Offer時，恩師在「九州遊學」的微信群裏寫給大家的一段

話，引用原文如下：「各在一方，是安身立命的所在，認同所在的風土，傾聽在地的萬籟，敍說城鄉的故事，如是自在，也就逍遙。」

---

* 日本有47個相當於省的行政區域（名稱分為都道府縣四種），不臨海的僅有8個縣（木、群馬、埼玉、山梨、長野、岐阜、滋賀、奈良）。

濃墨一筆

黃曉康

　　最初見到老師是 2006 年，留考面試的時候，當時老師作為面試官之一，給我留下了十分親切的感覺，也是這份感覺讓我選擇了長大，並在長大度過了 6 年的留學生涯。

　　老師給我的感覺有嚴師，也有慈父。在學術領域，老師是可謂不折不扣的嚴師，選修的課程基本都是在緊張中度過，後來加入到研究室大家庭的時候，自己也算是比較木訥的那一類，讓老師不少費心。在生活上，老師對待我們就像對待自己的孩子一般，在學術操勞之餘還要操心我們的留學生活，大至個人終身問題，小到打工經歷等等，在我獨自異地求學的生涯裡留下濃墨一筆，也完美的詮釋了為人師表這四個字。

　　畢業後離開長崎赴橫濱，但長崎因為連老師和師母在，它成為了我的第二個故鄉。後我因工作調動回國，並在國內喜得小棉襖眷顧，之後飛來日本第一時間就是攜家人一同拜訪老師和師母，彙報近況。得知老師退官資訊，甚是驚訝，印象中的老師一直是仙風道骨的模樣，離退官還有很久。趁此之際，祝老師和師

母笑口常開，身體康泰。得閒之時請務必蒞臨上海讓學生再次聆聽教誨。

依依惜別情

劉璐

　　作為連老師的關門弟子，我倍感榮幸。而更讓我感到榮幸的是，我能夠親眼見證連老師的光榮退休！作為老師研究室的最後一位學生，我得到了老師太多的照顧和學術方面的指點，在這裡我想衷心的對老師說一聲謝謝！

　　在我的印象裡連老師是一位知識淵博的學者，更是一位令人敬仰的人師。老師博古通今，對待學術孜孜不倦，總是會給予我們很多的指點。在生活中，老師和師母總是會對我們噓寒問暖，逢年過節邀請研究室的同學一起去家裡吃飯，在異國他鄉的我們總會感受到家的溫暖。如今師哥師姐已經學成歸國，分散在祖國的各個地方教書育人，老師可謂桃李滿天下。

　　時間飛逝，轉眼間到了我進研究室的第三個年頭，也迎來了連老師的退休之際，雖然在老師退休之後我還要繼續完成學業，可是老師對我的指點和幫助一輩子都難以忘懷。俗話說的好：一日為師，終身為父，老師的這份恩情我定會牢記在心。感謝您，連老師！祝賀您光榮退休！

致謝詞

　　淡江是啟蒙之地，淡水的風聲雨聲圓足問學適道的人文夢。福岡是轉折的所在，京都中國學的咀嚼玩味，直指安身立命的趨向。九州遊學三十年，日常是朝八暮五步行往返住家與研究室的平淡自在。快慰人生的是師長的垂愛善誘，親友的提攜扶持與家人的體貼諒解，而優游於東亞的中國學界。

　　同門師兄的贈序，台灣、大陸、韓國中文學界知交，福岡、長崎遊學同仁學棣的撰文，記存學問生涯的足跡，極其榮幸，衷心感激。

連清吉

附錄：連清吉先生學術履歷

學歷職歷

1955 年 11 月 出生於台灣苗栗縣通霄鎮

1979 年 6 月　台灣淡江文理學院文學部中國文學系畢業

1982 年 6 月　台灣東海大學文學院中國文學研究所碩士

1987-1988 年 日本九州大學文學部中國哲學研究室研究生

1988-1995 年 日本九州大學文學部中國哲學研究室博士課程，取得九
　　　　　　　州大學文學博士學位

1991 年 10 月－ 1994 年 3 月
　　　　　　　日本九州大學文學部助教

1994 年 4 月－ 1998 年 3 月
　　　　　　　日本鹿兒島純心女子大學國際言語文化學部副教授

1998 年 4 月　日本長崎大學環境科學部副教授

2002 年 4 月　日本長崎大學環境科學研究所副教授

2003 年 8 月－ 2004 年 7 月
　　　　　　　台灣淡江大學客座教授

2006 年 4 月　日本長崎大學環境科學部生產研究所教授

2008 年 4 月－ 2010 年 3 月

　　　　　　日本長崎大學環境科學部副院長

2010 年 9 月－ 2011 年 2 月

　　　　　　台灣彰化師範大學客座教授

2014 年 4 月　日本長崎大學多文化社會學部、生產研究所、

　　　　　　水產環境科學總合研究所教授

2014 年 4 月－ 2016 年 3 月

　　　　　　日本長崎大學多文化社會學部副院長

學術研究概況

I、論著

1. 著書

連清吉《日本江戶後期以來的莊子研究》，台北：學生書局，1998 年。

連清吉《日本江戶時代的考證學家及其學問》，台北：學生書局，1998 年。

連清吉《從螺旋史觀看中日文化的發展》，台北：學生書局，2002 年。

連清吉《日本近代的文化史學家：內藤湖南》，台北：學生書局，2004 年。

連清吉《日本京都中國學與東亞文化》，台北：學生書局，2010 年。

連清吉《杜甫千年之後的異國知己：吉川幸次郎》，台北：學生書局，

　　2015 年。

2. 論文（最近十年間）

連清吉〈吉川幸次郎的陶淵明研究〉，《淡江中文學報》，第 26 期，頁

1-24，2012 年。

連清吉〈京都中國學的西漢學術論〉，《東亞漢學研究特別號『陝西文獻
　　與長安』》，頁 207-217，2013 年。

連清吉〈吉川幸次郎的中日近代中國學綜述〉，《東亞漢學研究》，第 3
　　號，頁 260-268，2013 年。

連清吉〈狩野直喜的漢代學術論〉，《第七屆漢代文學與思想國際學術
　　研討會論文集（台灣國立政治大學中國文學系）》，頁 97-112，
　　2013 年。

連清吉〈吉川幸次郎的「讀書之學」〉，《東亞漢學研究》，第 4 號，頁
　　306-314，2014 年。

連清吉〈吉川幸次郎的「書不盡言」論〉，《東亞漢學研究特別號『歷史
　　記憶與文學藝術』》，頁 228-238，2014 年。

連清吉〈吉川幸次郎的中國經學論──中國人以經典為生活的規範〉，
　　《第八屆中國經學國際學術研討會論文選集（國立台灣大學中國
　　文學系）》，頁 675-690，2015 年。

連清吉〈吉川幸次郎的中國精神史論〉，《東亞漢學研究》，第 5 號，頁
　　385-396，2015 年。

連清吉〈京都中國學者的學問意識〉，《東亞漢學研究特別號『東亞漢學
　　與 21 世紀文藝』》，頁 430-439，2016 年。

連清吉〈吉川幸次郎的中國古典文學詮釋方法論〉，《中國學術年刊》，
　　第 38 期秋季號，頁 115-134，2016 年。

連清吉〈狩野直喜於漢代公羊學的論述〉，《東亞漢學研究特別號『新國

學的歷史定位』》，頁 39-49，2017 年。

連清吉〈日本九州與中國學・東亞漢學會議的緣起〉，《東亞漢學研究》，
　　第 7 號，頁 408-411，2017 年。

連清吉〈日原利國的公羊傳俠勇論〉，《東亞漢學研究特別號『韓國學
　　藝』》，頁 162-169，2018 年。

連清吉〈日本學術思想史的變革〉，《外國問題研究》，第 2 期，頁 29-
　　38，2019 年。

II、學術研究經緯（最近十年間於「日本中國學」的專注與發展）

2003 年、2010 年先後在台灣淡江大學、彰化師範大學客座，講授「日本中國學」課程。2000 年以，在吉林大學、東北師範大學、華東師範大學、上海社會科學院、山西師範大學、陝西師範大學、集美大學講演有關「日本中國學」專題。在中國發表《日本漢學的特徵》、《日本學術思想史的變革》等論文。2010 年與適道同志成立「東亞漢學研究學會」，刊行《東亞漢學研究》期刊（ISSN：2185-999X）。

現任長崎大學多文化社會學部教授、博士生導師。至今已指導十名學生撰寫與日本中國學相關論文，並取得博士學位，分別於日本與中國的高校任教。

以近十年間的論著為脈絡，學術研究之經緯如下：

《從螺旋循環史觀看中日文化的發展》，台灣學生書局，2002 年（著作）

作為「以螺旋循環史觀論考京都中國學的形成經緯及其內涵」研究方法

的基礎。

《日本近代的文化史學家：內藤湖南》，台灣學生書局，2004 年 (著作)

作為「從中國史學到東洋史學是史學突破」課題研究與「以氣象學的觀點，論中日學術思想的傳播」研究方法的基礎。

《日本京都中國學與東亞文化》，台灣學生書局，2010 年 (著作)

作為「京都中國學祖述清朝考證學，樹立日本近代性學問，為日本近代中國學的新學先驅」課題研究的基礎。

《杜甫千年之後的異國知己：吉川幸次郎》，台灣學生書局，2015 年 (著作)

作為「京都中國學者研究中國文學」課題研究的基礎。

《日本學術思想史的變革》，《外國問題研究》232 期，2019 年

作為「確立複眼的視域研究方法」，陳述事實論理的基礎。

國家圖書館出版品預行編目（CIP）資料

月掛汐越松：連清吉教授榮退紀念文集/
周彥文主編. -- 初版. -- 臺北市：臺灣學
生, 2021.02
156面；17 X 23 公分
ISBN 978-957-15-1846-6（平裝）

1.連清吉 2.臺灣傳記 3.文集

783.3886　　　　　　　　110002280

月掛汐越松：連清吉教授榮退紀念文集

主編	周彥文
責任編輯	黃文倩
文字編輯	周彥文、黃文倩、陳潔儀
美術編輯	仲雅筠
出版者	臺灣學生書局有限公司
發行人	楊雲龍
發行所	臺灣學生書局有限公司
地址	臺北市和平東路一段七十五巷十一號
郵政劃撥帳號	00024668
電話	(02)23928185
傳真	(02)23928105
E-mail	student.book@msa.hinet.net
網址	http://www.studentbook.com.tw
本書局登記證字號	行政院新聞局局版北市業字第玖捌壹號
印刷所	百通科技股份有限公司
定價	新臺幣350元

二〇二一年二月初版